**Marco Polo**

W0053544

rowohlts monographien
begründet von Kurt Kusenberg
herausgegeben von Wolfgang Müller
und Uwe Naumann

# Marco Polo

Dargestellt von Otto Emersleben

Rowohlt Taschenbuch Verlag

Umschlagvorderseite: Marco Polo. Frontispiz der ersten
deutschen Ausgabe seiner Reisebeschreibung, der so genannten
Gutenberg-Ausgabe (Ausschnitt). Holzschnitt, 1477
Umschlagrückseite: Die Brüder Maffeo und Nicolao Polo
erreichen auf ihrer ersten Reise (1260–1269) die Stadt Buchara
und werden von Barac, dem Herrscher von Usbekistan,
empfangen.
Perlenfischer im Golf von Maabar

Seite 3: Marco Polo. Mosaik im Palazzo Doria Tursi, Genua
Seite 6: Die Polos verlassen Venedig. Miniatur aus
«Li Livres du Graunt Caam» des Künstlers Johannes, um 1400

*Originalausgabe*
*Veröffentlicht im Rowohlt Taschenbuch Verlag*
*GmbH, Reinbek bei Hamburg, Februar 2002*
*Copyright © 2002 by Rowohlt Taschenbuch Verlag*
*GmbH, Reinbek bei Hamburg*
*Alle Rechte an dieser Ausgabe vorbehalten*
*Umschlaggestaltung Ivar Bläsi*
*Redaktionsassistenz Katrin Finkemeier*
*Reihentypographie Daniel Sauthoff*
*Layout Gabriele Boekholt*
*Satz* PE Proforma *und* Foundry Sans *PostScript,*
*QuarkXPress 4.1*
*Gesamtherstellung Clausen & Bosse, Leck*
*Printed in Germany*
*ISBN 3 499 50473 1*

*Die Schreibweise entspricht den Regeln*
*der neuen Rechtschreibung.*

# INHALT

Lic ommcuee li lures du grannt Caam qui parole de la grannt Crmeine de perife
et detartans ce dynde. Et des grannz merneille qui p̄ le monde sout.

# Galeeren auf Kurs Südost

*Ich werde euch nun erzählen, was für Anstalten*
*man macht vor Antritt einer Meerreise.* (276)[1]

Im frühen Sommer des Jahres 1271 liegen in Venedig[2] zwei
Dutzend Galeeren bereit, Kurs auf das östliche Mittelmeer zu
nehmen. Alle Wege aus der Lagune in die Welt führen damals
übers Wasser, jede Reise beginnt als Seereise. Ein knappes Vierteljahrhundert später wird sich zeigen, dass das Auslaufen des
Levante-Geleitzuges an diesem Tag mehr war als Alltagsrou-
tine im Leben der See- und Handelsstadt. An Bord der Galeeren
befinden sich zwei geachtete venezianische Kaufherren, die
Brüder Nicolao und Maffeo Polo. Sie sind Geschäftspartner. In
ihrer Begleitung reist Nicolaos Sohn Marco. Auf Marco Polo
geht eines der klassischen Bücher der Reiseliteratur zurück:
der Bericht von jener Weltfahrt, die er – eben siebzehnjährig –
an jenem Frühsommertag gemeinsam mit Vater und Onkel antritt.

Ziel des Schiffskonvois ist Akko, nördlich von Haifa im
Königreich Jerusalem gelegen. Die Stadt ist Versorgungsbasis
und letztes Machtzentrum der europäischen Kreuzritter, noch
immer ihr «wichtigster Landeplatz bei der Überfahrt ins Heilige Land» (Pe 12). Venedig unterhält Faktoreien in Akko; unter
bewaffnetem Schutz wickeln dort venezianische Kaufleute ihre Geschäfte ab, argwöhnisch überwacht von der Konkurrenz
aus Amalfi, Pisa und vor allem aus Genua. Wie die anderen italienischen Seestädte ist Venedig im Verlauf zweier Jahrhunderte durch die Lieferung von Nachschub und den Truppentrans-
port für die Kreuzfahrerheere reich und mächtig geworden.
Ihren Reichtum haben die Fernhändler der Republik von San
Marco noch zu mehren gewusst, indem sie – nicht anders als
genuesische Kaufleute auch – «von verächtlicher Gewinnsucht getrieben, den Saracenen die Waffen lieferten, mit wel-

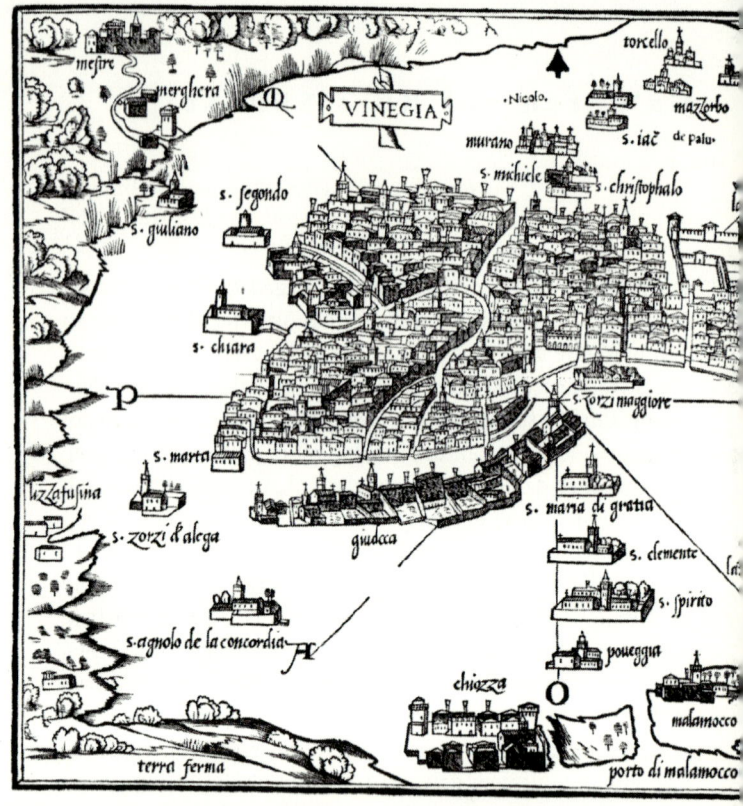

chen die Streiter des Heilands bekämpft wurden» (Wi VIII, 627). Sie haben für diese «verächtliche Gewinnsucht» päpstlichen Zorn und den Kirchenbann auf sich genommen, doch haben sie nicht von derlei Geschäften gelassen. Geld stinkt nicht: Der römische Kaiser Vespasian hatte diese Einsicht schon tausend Jahre zuvor.

Venedig war im mittelalterlichen Italien die einzige wichtige Stadt ohne antike Vergangenheit. Die Republik ist erst im Ergebnis der großen europäischen Völkerwanderung entstanden, als die Bewohner der nördlichen Küstengebiete der

Adria – die Veneter – vor dem Ansturm der Goten, Hunnen und Langobarden auf die Inseln in der Lagune auswichen: «eine Hand voll Flüchtlinge, auf eine Sandbank von ein paar hundert Klaftern Breite geworfen, gründet dort einen Staat ohne Territorium» (Da I, 3). Ihre Welt war das Meer, und ihre gebräuchlichsten Seefahrzeuge hatten – anders als das urbane Äußere ihres Gemeinwesens – durchaus Wurzeln in der Antike. Venedigs Galeeren stammten in direkter Linie von römischen Biremen und Triremen ab.

In Architektur und Kunst raubte die Stadt sich den Dekor zur Schaffung einer historischen Scheinlegitimität im Laufe ihrer Geschichte im Mittelmeerraum zusammen. Bekannt ist das Beispiel der «vier Pferde von San Marco, einst im Hippodrom von Konstantinopel (und vermutlich der Bronzelöwe des Hl. Markus auf der Säule an der Piazzetta)». Als Marco Polo mit Vater und Onkel nach Asien aufbrach, standen diese Kunstwerke schon an den Plätzen, die sie heute einnehmen. Während seiner Jugendjahre war am Markusplatz ein städtebaulicher Komplex gewachsen, der keinen Vergleich mit einem antiken Forum zu scheuen brauchte – «Ausdruck von Venedigs Aufstieg zu imperialer Größe, passend für eine aufstrebende Republik, deren Doge zeitweise ‹Herr über ein Viertel und die Hälfte eines Viertels des Byzantinischen Reiches› war»[3].

Die Polos waren nicht aufgebrochen, in Akko Handel zu treiben. Dieser Hafen war für die drei nur Zwischenstation, von dort aus wollten sie weiter zum *äußersten Ende des Festlands* (K 10), mit anderen Worten zum – östlichen – Rand der damals bekannten Welt: *zum Hofe des Großkhans, des obersten Herrn aller Tataren der Erde* (Y I, 10) sollte die Reise gehen. Als Marco Polo 1295 nach Venedig zurückkehrte, hielten seine Landsleute nach anfänglichem Erstaunen die Dinge, die er ihnen über seine Reise, insbesondere aber über Macht und Reichtum jenes Herrschers – *Kublai Khan mit Namen* (128) – erzählte, bald für Aufschneidereien: *wer wüßte es nicht, daß er der mächtigste Herr der Welt ist, seit Adams Zeiten bis in unsere Tage hat es nie einen größeren und reicheren gegeben.* (118 f.) Der Bericht stieß auf Unglauben, ja Misstrauen. Erst als Buch wurde er ein Erfolg. Doch hält bis heute der Streit darüber an, ob es je eine von dem Reisenden selbst aufgeschriebene Urfassung des Textes gegeben hat.

In den 700 Jahren seit der ersten Niederschrift – durch wen auch immer sie erfolgt sein mag – hat Marco Polos Buch ein Schicksal erlebt, das an Abenteuerlichkeit dem seines Helden nicht nachsteht. Von Polos Reisebericht sind mittlerweile rund 150 Manuskriptfassungen bekannt[4], die aus unterschiedlichsten Gründen erheblich voneinander abweichen. Die Erfindung des Buchdrucks hat diesem prekären Umstand nicht abgeholfen, sondern neue Varianten geschaffen: durch die Vermischung handschriftlicher Quellen, häufig auch noch durch Hinzufügen eigener Lesarten. Die Eigenmächtigkeiten mancher Herausgeber stehen der Willkür der Kopisten und frühen Übersetzer in nichts nach. Dem lateinischen Text des Fra Pipino, der noch zu Polos Lebzeiten entstand, kommt in diesem Zusammenhang als Vorlage für Textfassungen in mehreren europäischen Sprachen offenbar eine Schlüsselrolle zu. Daneben hat vor allem eine auf den aus Pisa stammenden Autor Rustichello[5] zurückgehende Textvariante weite Verbreitung und Modifizierung erfahren. Computeranalysen[6] haben jedoch inzwischen die alte Vermutung bestätigt, dass «direkt aus Marcos eigener Erzählung oder aus seinen Notizen mehrere, voneinander unterschiedene Varianten gleichzeitig mit – oder vor oder nach – der Version Rustichellos entstanden sind» (Iw 5).

Um die Schönheit der Erzählung und die (ohnehin nicht in allen Fällen eindeutig festzulegenden) Bezüge der Weltsicht Polos zu unserem heutigen Bild von der Erde nicht in einer uferlosen Flut von Lesarten aus dem Auge zu verlieren, sieht man es inzwischen als legitim an, die wichtigsten Fassungen des Buches – zumal für eine knappe Darstellung von Leben und Werk Marco Polos wie die vorliegende – «nicht gegenseitig abzuwägen, sondern die eine durch die andere zu ergänzen»[7]. In gewisser Weise sind diesem umfassenden Polo-Kanon auch jene Werke hinzuzurechnen, die seit etwa 150 Jahren, offen als Fiktion auftretend, Marco Polo zum Helden von Liebesgeschichten und Abenteuerstorys machen.

Alle frühen Fassungen vom Bericht über Marco Polos große Reise haben 200 Jahre lang Träume der Europäer beflügelt, in die von dem Venezianer beschriebenen Reiche in Indien, China und Japan zu gelangen. Christoph Kolumbus, auch er von Polo beeinflusst, schlug unter allen Indienfahrern seiner Zeit den ungewöhnlichsten Weg dorthin ein – er segelte

Fra Pipino da Bologna, ein Dominikaner, ist ab 1284 im Kloster San Domenico in Bologna nachgewiesen, wo er als Archivar tätig war und 1311 das Amt eines Vizepriors innehatte. Er ist Autor/Kompilator einer Geschichte Westeuropas von 754–1314/1317, genannt «Chronicon», in der außer der Geschichte der Kreuzzüge auch viele Kapitel über die Mongolen integriert sind, die u. a. aus seiner Übersetzung des Buchs von Marco Polo stammen, wie er sagt. [...] im Jahr 1320 unternahm Pipino eine Reise ins Heilige Land, über die er in seinem *Tractatus de locis Terrae Sanctae* berichtet. Danach schloß er sich der «Congregatio Fratrum Peregrinantium pro Christo» an, die 1304 mit dem Ziel der Missionierung des Orients vom Dominikanerorden gegründet worden war. Sein Tod wird nach 1328 angesetzt.

Pipino war von seinen Ordensoberen mit der offiziellen Übersetzung des Texts von Marco Polo ins Lateinische, die Sprache der Gebildeten Europas seiner Zeit, beauftragt worden. [...] Auch wenn sich eine persönliche Bekanntschaft Pipinos und Marco Polos nicht nachweisen läßt, ist ersichtlich, daß Pipinos Version in großer Nähe zu Marco Polos persönlichem Umfeld entstand.

Barbara Wehr: Zum Reisebericht von Marco Polo in der lateinischen Fassung des Fra Pipino da Bologna. Heidelberg 1999

Ausschnitt aus Fra Pipinos lateinischer Version
des «Buchs der Wunder», die noch zu Marco
Polos Lebzeiten geschrieben wurde und mit
über 50 Handschriften in hohem Ausmaß
zur Verbreitung des Reiseberichts beitrug.

westwärts, um nach Fernost zu gelangen und entdeckte
«Westindien», die Neue Welt Amerika.

Im Lauf von sieben Jahrhunderten ist der Name Marco
Polo zu einem west-östlichen Emblem geworden: als Synonym
für Fernweh wie für das Erlebnis der Fremde, als Markenzeichen des wagenden Kaufmanns und des unerschrockenen Reisenden, aber auch als Gütesiegel für phantasievolles Erzählen
von abenteuerlichen Begebenheiten und unverhofften Begegnungen.

In einem seiner Agentenromane versteckt William F.
Buckley die brisantesten Geheimpapiere des Kalten Krieges an
einer Stelle, die kein Geheimdienstmann verfehlen kann: «In

der Encyclopaedia Britannica. Auf der Seite mit der Biographie von Marco Polo.»[8] Folgerichtig heißen jene Prachtstücke diplomatischer Täuschungsarbeit – natürlich betreffen die Fälschungen China – «Marco Polo Protokolle»[9]. Der sichere Griff des Thrillerautors bei der Wahl von Titel und Versteck zeigt, für wie geläufig der Name Marco Polo heute genommen werden darf. Feriensonne an fernöstlichen Gestaden erhält hundertfach angepriesen, wer im Internet nach Marco Polo forscht. Die Unterbringung in Luxusherbergen wird dem Interessenten offeriert, mit feinster italienischer oder chinesischer Küche; er wird überschüttet mit Angeboten von Reisebüros, Handelsgesellschaften, Hotels, Sprachschulen. Es wird Hilfe versprochen beim Anbahnen von Geschäften mit chinesischen Partnern und im Umgang mit Banken des Fernen Ostens. Ein Kreuzfahrtveranstalter lockt: «Reisen mit Marco Polo! Sie erinnern sich zweifellos des weit herumgekommenen venezianischen Reisenden namens Marco Polo. Doch wissen Sie von dem Schiff, das seinen Namen trägt?»[10] Auf einem internationalen Symposium zu Fragen von Polos Aufenthalt in Fernost hieß es 1991 von offizieller chinesischer Seite, der berühmte Reisende sei längst «ein inspirierendes Leitbild für den Austausch zwischen Ost und West und eine Brücke für freundschaftliche Zusammenarbeit zwischen den Völkern» geworden; das Buch über seine Reisen werde «auch in Zukunft auf einzigartige Weise zum Wachsen des gegenseitigen Verständnisses und der Sympathie zwischen unserem Volk und anderen Völkern der Welt beitragen».[11]

Bei solch pragmatischer Einmütigkeit hinsichtlich der Bedeutung dieses Reisenden für unsere Zeit mag die Frage überraschend klingen, von welchem Marco Polo da eigentlich die Rede ist. Sicher – der Bericht des «weit herumgekommenen venezianischen Reisenden» dieses Namens fesselt seit 700 Jahren Zuhörer und Leser. Ebenso alt ist allerdings die Frage, ob er der Wahrheit im landläufigen Sinn entspricht. Nicht besser gesichert als die in seinem Reisebericht enthaltenen Angaben sind die äußeren Lebensumstände des Berichterstatters selbst. Geht man Buckleys Hinweis nach und schlägt die «Encyclopaedia Britannica» dort auf, wo der amerikanische Autor seine Schlapphüte die Lexikonseiten als toten Briefkasten nutzen lässt, liest man vor Marco Polos Geburtsjahr 1254 ein «circa», als Geburtsort wird «Venedig (Italien) oder Curzola, Venezianisch-Dalmatien (jetzt Korčula, Kroatien)» angegeben. Bei aller Ungewissheit über das Leben des historischen Polo steht eines auch für das Lexikon fest: Das Reisebuch, das seinen Namen trägt, «wurde ein geographischer Klassiker»[12]. Also ist es nur recht und billig, sich an das Buch zu halten, will man Genaues über den Reisenden erfahren, den heute jedermann zu kennen meint. Doch hören damit die Schwierigkeiten nicht auf.

Unter allen mit der Ungewissheit der Lebensdaten Polos zusammenhängenden Problemen stellt sich besonders eine Frage: Ist Marco Polo jemals in China gewesen, oder hat er das, was er über das Reich des Großkhans und die Wege dorthin zu berichten weiß, nicht vielmehr nur vom Hörensagen gekannt? Bis heute besteht hier keineswegs Einmütigkeit. «Did Marco Polo go to China?», fragt die britische Sinologin Frances Wood im Titel ihres 1995 veröffentlichen Buches, das als jüngstes Glied in der langen Reihe ähnlicher Publikationen erschienen ist. Die Autorin resümiert am Schluss, sie favorisiere die These, «daß Marco Polo selbst vermutlich nie weiter gereist ist als bis zu den Niederlassungen der Familie Polo am Schwarzen Meer und in Konstantinopel» (Wo 209). Die deutsche Ausgabe ihres Buchs beantwortet die Frage, ob die Polo-Texte eine authentische Reise beschreiben, ohne sie überhaupt erst zu stellen: Der Titel der Übersetzung lautet: «Marco Polo kam nicht bis China».

Die Frage nach der Glaubwürdigkeit von Reisenden ist überall auf der Welt ein altes Thema. Schon der griechische Philosoph und Historiker Strabo warnt, sobald die Rede auf den Nordlandfahrer Pytheas kommt, davor, «diesem Scharlatan zu glauben»[13]; heute zweifelt niemand mehr an dessen «Leistung, vielleicht der größten der Antike auf dem Gebiet der Erforschung der Erde überhaupt»[14]. Ob hingegen die amerikanischen Arktisforscher Frederick A. Cook und Robert E. Peary in den Jahren 1908 bzw. 1909 – wie sie, jeweils den anderen der

Lüge bezichtigend, erklärt haben – den Nordpol erreichten, ist noch immer umstritten. Und an der Küste Westafrikas gibt es ein Sprichwort: «Mein Zeuge ist in Europa, sagt der Lügner.»[15]

Die wohl treffendste Anekdote zum Grad des Zweifels, dem Polos Erzählungen bei seinen Zeitgenossen begegneten, überliefert der Dominikaner Jacopo aus dem piemontesischen Acqui. In seinem Buch «Imago Mundi» schreibt er, auf dem Sterbebett sei Marco Polo von Freunden bestürmt worden, aus seinem Bericht alles zu entfernen, «was über die Tatsachen hinausgehe» (Y 54).

Beim Rekonstruieren von Polos Leben vor und nach seiner großen Reise überwiegen anekdotische Bausteine wie die von Jacopo berichtete Sterbeszene. Für die Reise selbst ist jedoch das Buch das wichtigste Zeugnis. Dort wird sehr früh zum Problem des Verhältnisses zwischen Selbstgeschautem und Berichten vom Hörensagen Stellung genommen: *Messer Marco Polo, ein gebildeter edler Bürger aus Venedig, erzählt hier, was er mit eigenen Augen gesehen hat. Es gibt allerdings einzelnes, das er nicht gesehen, jedoch von vertrauenswürdigen Leuten vernommen hat.* (7) Zwischen beidem verspricht der Text säuberliche Trennung – eine Zusicherung, an die er sich jedoch nur sehr selten hält.

> Ich gestehe, diese Dinge klingen seltsam; aber ich stelle es jedem, der den geringsten Zweifel hat, frei, selbst nach dem Monde zu gehen und sich zu überzeugen, daß ich der Wahrheit so treu geblieben bin als vielleicht nur wenig andere Reisende.
>
> Gottfried August Bürger: Wunderbare Reisen zu Wasser und zu Lande. Feldzüge und lustige Abenteuer des Freiherrn von Münchhausen [...]. Meersburg, Leipzig 1929, S. 170

Die Widersprüche zwischen den Textfassungen in den einzelnen Codices und gedruckten Texten und der Streit um Polos Lebensumstände dürfen nicht davon abhalten, in diesem Reisenden eine historische Persönlichkeit zu sehen, deren Leistung weit reichenden Einfluss auf das Weltbild seiner Zeitgenossen und späterer Generationen ausgeübt hat. Wenn das Wort «wirklich» auch nur das Geringste mit «Wirkung» zu tun hat, so ist Marco Polos Reisebeschreibung das höchst reale Echo eines sehr wirklichen Menschenlebens.

Ob Marco Polo in Venedig selbst oder in dem seit Beginn des Jahrtausends unter venezianischem Protektorat stehenden Korčula geboren wurde, bleibt für seine Biographie als Reisender ohne Belang. Der Name der Familie ist heute nicht nur in Italien, sondern auch in Dalmatien verbreitet. Daraus – wie der kroatische Historiker Živan Filippi dies tut – abzuleiten, es sei «höchst wahrscheinlich, dass Marco die kroatische Sprache, wie sie von den Einwohnern Korčulas gesprochen wurde, beherrschte»[16], heißt, den vielen Polo-Legenden nur eine weitere hinzufügen.

Die dalmatinische Herkunft der Familie ist nicht auszuschließen, allerdings wird die Übersiedlung (aus dem Heimatort Šibenik) nach Venedig bereits mit 1033 angesetzt. «Die gesicherte Genealogie des Reisenden beginnt jedoch erst mit seinem Großvater, der im frühen 13. Jahrhundert lebte. Es gab damals zwei Zweige der Polo-Familie, die nach den Parochien, in denen sie lebten, als die Polos von San Geremia und die Polos von San Felice unterschieden wurden.» (Y *14*) Jener Großvater, Andrea Polo von San Felice, hatte drei Söhne; sie hießen – in der Reihenfolge der Geburt – Marco, Nicolao und Maffeo. Nicolao, Sohn des Andrea Polo von San Felice, war der Vater unseres Reisenden. Der älteste dieser drei Brüder, Marco (ein Onkel des Reisenden), lebte geraume Zeit als Kaufmann in Sudak auf der Krim und in Konstantinopel. Er war mit Nicolao und Maffeo geschäftlich verbunden. Es ist anzunehmen, dass er während ihrer langen Abwesenheit starb. Sein Testament stammt aus dem Jahr 1280. Es ist «in Venedig aufgesetzt, während er ‹von körperlichem Gebrechen niedergedrückt› war. Wir wissen nicht, ob er noch lange gelebt hat.» Das Testament dieses Onkels erwähnt einen jüngeren Bruder des damals mit Nicolao und Maffeo durch Asien reisenden Marco, Maffeo mit Namen. Es ist nicht auszuschließen, dass Marco und der jüngere Maffeo nicht dieselbe Mutter hatten. Maffeo stammte möglicherweise aus einer zweiten Ehe des Nicolao Polo, die dieser nach dem Tod von Marcos Mutter eingegangen war. Hingegen war der Onkel des Reisenden, «Maffeo […], offenbar Junggeselle» (Y *15*).

# Stammtafel der Familie Polo

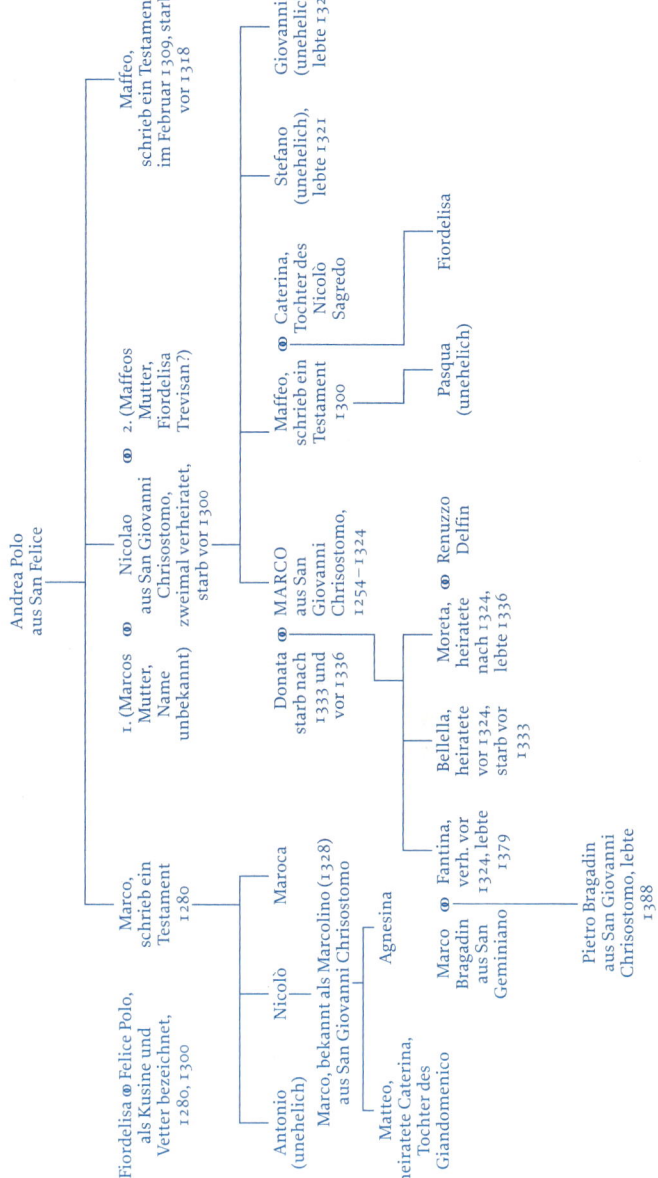

Andrea Polo
aus San Felice

Marco,
schrieb ein
Testament
1280

Nicolao
aus San Giovanni
Chrisostomo,
zweimal verheiratet,
starb vor 1300

⚭ 1. (Marcos
Mutter,
Name
unbekannt)

⚭ 2. (Maffeos
Mutter,
Fiordelisa
Trevisan?)

Maffeo,
schrieb ein Testament
im Februar 1309, starb
vor 1318

Fiordelisa ⚭ Felice Polo,
als Kusine und
Vetter bezeichnet,
1280, 1300

Maroca

Donata ⚭ MARCO
starb nach       aus San
1333 und         Giovanni
vor 1336         Chrisostomo,
                 1254–1324

Maffeo,
schrieb ein
Testament
1300

⚭ Caterina,
Tochter des
Nicolò
Sagredo

Stefano
(unehelich),
lebte 1321

Giovannino
(unehelich),
lebte 1321

Nicolò

Pasqua
(unehelich)

Fiordelisa

Antonio
(unehelich)

Marco, bekannt als Marcolino (1328)
aus San Giovanni Chrisostomo

Bellella,
heiratete
vor 1324,
starb vor
1333

Moreta,
heiratete
nach 1324,
lebte 1336

⚭ Renuzzo
Delfin

Matteo,
heiratete Caterina,
Tochter des
Giandomenico

Agnesina

Marco
Bragadin
aus San
Geminiano

⚭ Fantina,
verh. vor
1324, lebte
1379

Pietro Bragadin
aus San Giovanni
Chrisostomo, lebte
1388

17

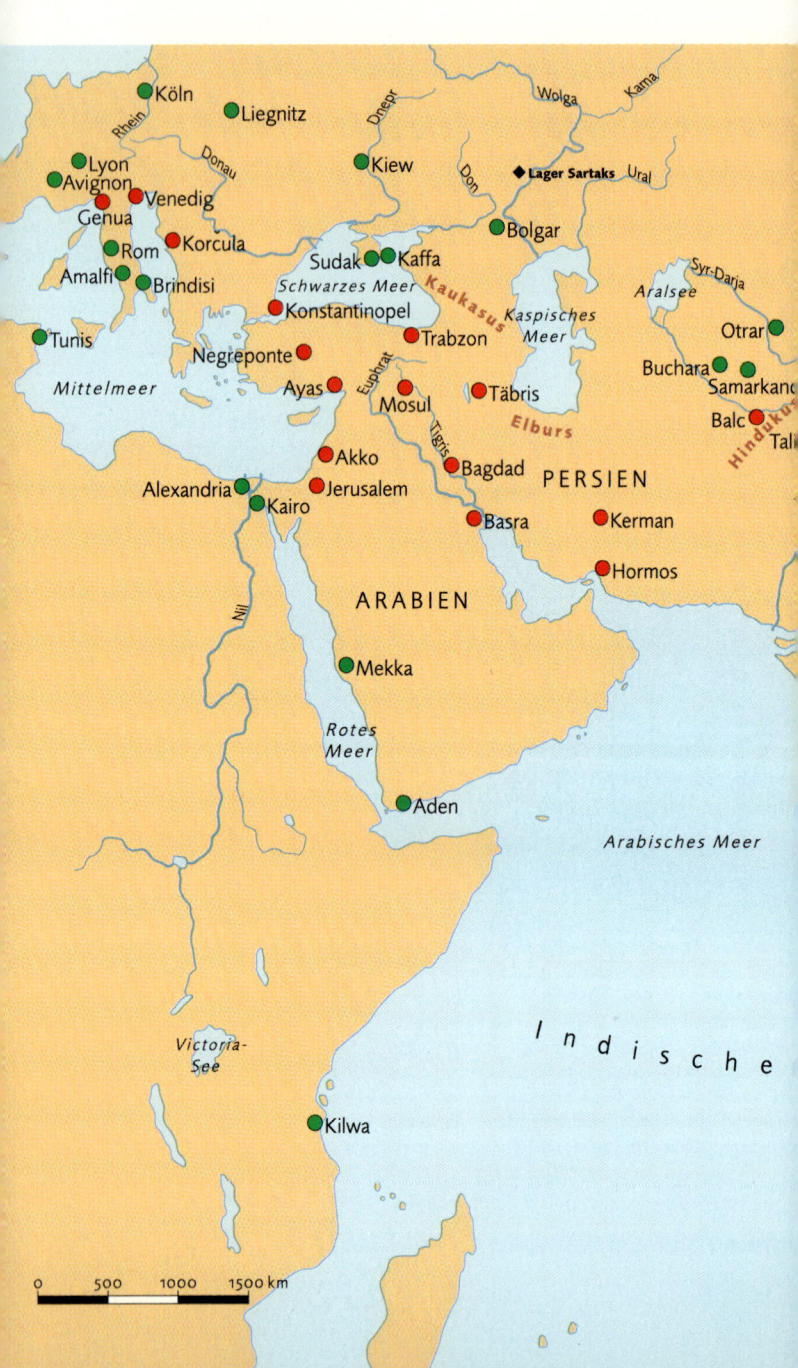

Marco Polos große Reise.
Orte an Polos Weg: rot. Andere im Text genannte geographische Namen: grün.
Auf eine Routenmarkierung wurde bewusst verzichtet.

Marco Polos Jugend bis zum Reisebeginn 1271 fällt in eine Zeit, da die Beziehungen der Republik von San Marco mit dem Osten empfindliche Rückschläge erlitten. Venedig hatte unter dem blinden Dogen Enrico Dandolo maßgeblichen Anteil an der Eroberung Konstantinopels durch die Kreuzfahrer im Jahr 1204 gehabt. Bei diesem 4. Kreuzzug, «dem Spiel mit dem höchsten Einsatz, an dem Venedig sich jemals beteiligte»[17], hatte es seinen Einfluss und Territorialbesitz im östlichen Mittelmeer erheblich erweitert, auch in Dalmatien; 1214 war das über Korčula ausgeübte Protektorat Venedigs erneuert worden. An die Stelle des Oströmischen Reiches trat das «Lateinische Kaiserreich» als Werkzeug zur Durchsetzung venezianischer Interessen, vor allem in der Auseinandersetzung mit Genua. Über die Piazza San Marco blickten fortan «die vier goldenen Pferde des Heiligen. Gestohlen in Konstantinopel. Raubbeute. Kriegstribut. Orden auf die Brust der Entführer geheftet»[18].

Mit der Rückeroberung Konstantinopels durch den byzantinischen (oströmischen) Kaiser Michael Paläologus fand 1261

Um das Jahr 1265 brach zwischen den beiden Mächten erneut jener Haß aus, der aus Handelsneid geboren wird; ein Haß, der in seinen Folgen so unheilvoll war, daß er Zug um Zug die Existenz beider Staaten belastete. Genua, wie Venedig ohne Territorium, verdankte seine ganze Macht der Schiffahrt, deren Ziel es war, Europa mit den Waren Asiens zu versorgen. [...] Das exklusive Vorrecht, weit hinten im Mittelmeer alle Luxus- wie Gebrauchsgegenstände, die Asien Europa lieferte, zu kaufen und dann Frachtkosten und Preis nach Gutdünken festzusetzen, war so verlockend, daß es von den drei Republiken Venedig, Pisa und Genua gehörig ausgeschlachtet wurde. Die beiden letzteren konnten nicht ohne Neid die Existenz der Niederlassungen hinnehmen, die Venedig im östlichen Mittelmeer erworben hatte. Hätten die Venezianer all ihre Eroberungen dort behaupten können, so wären sie sicher schließlich so weit gegangen, ihren Rivalen auf dem Schwarzen Meer, im Bosporus und zwischen den Inseln des Ägäischen Meeres jedwede Schiffahrt zu verbieten. Doch selbst ohne solche Extreme hätten sie in diesem Fall derartig viele Vorteile auf ihrer Seite gehabt, daß jede Konkurrenz unmöglich geworden wäre; so hatten die Interessen Genuas dieses zum Verbündeten des griechischen [d. h. oströmischen] Kaisers gemacht, mit dem Ziel der Zerstörung des Lateinischen Kaiserreiches im Osten.

Pierre Daru: Histoire de la République de Venice
(Bd. 1). Paris 1826, S. 295 f.

Venedigs privilegierte Rolle ihr Ende; es musste sich von nun an wieder von Gleich zu Gleich mit Genua um Handelspartner und Märkte bemühen. Der Streit zwischen den beiden Seestädten, oft genug in Form von Seegefechten auf einem Kriegsschauplatz ausgetragen, der von Sizilien bis ins Schwarze Meer reichte, war während des ganzen 13. Jahrhunderts im Mittelmeer als Nebenerscheinung der Kreuzzüge eine bestimmende Größe des Zeitgeschehens – auch in den Jahren von Polos Reise in den Fernen Osten, die im frühen Sommer des Jahres 1271 mit dem Aufbruch des alljährlichen Schiffskonvois von Venedig nach Akko im Heiligen Land ihren Anfang nahm.

# Umkehr in Hormos

Marcos Vater und Onkel sind vor dieser Reise schon einmal beim Großkhan gewesen. In den Jahren 1260 bis 1269 waren die Brüder über Konstantinopel, Sudak auf der Krim – mit der Niederlassung der Familie Polo unter Leitung des älteren Marco, Bruder Nicolaos und Maffeos –, den Hof des Khans der Goldenen Horde an der unteren Wolga und die Stadt Buchara, *die prächtigste ganz Persiens* (10), an den Hof des Großkhans und zurück nach Venedig gelangt. Marcos Bericht erwähnt diese Geschäftsreise nur kurz in der Einleitung. Er sagt nicht einmal, wo Kublai Khan damals Hof hielt. Auch über den Reiseweg und die Art der Geschäfte von Vater und Onkel erfahren wir äußerst wenig. Erzählt wird lediglich, was zum Verständnis der Vorgeschichte der eigenen Reise notwendig ist, ansonsten heißt es lapidar: *Es gibt da nicht viel zu sagen.* (9) Wir hören, dass sie sich ein Jahr im Khanat der Goldenen Horde an der Wolga aufhielten, viele schöne und kostbare Edelsteine als Handelsgut mit sich führten und vom dortigen Khan *mit hohen Ehren* empfangen wurden. *Als sie die Juwelen, die sie mitgebracht hatten, vor ihm niederlegten und merkten, daß sie ihm gefielen, boten sie sie ihm zum Geschenk an. Der Khan bewunderte die großzügige Höflichkeit der beiden Brüder, und weil er sich von ihnen nicht an Freigebigkeit übertreffen lassen wollte, ließ er ihnen nicht allein den doppelten Wert der Juwelen auszahlen, sondern fügte dem auch noch reiche Geschenke bei.* (K 9)

Das Khanat der Goldenen Horde war das westlichste der Teilreiche, die im Gefolge der Eroberungen Dschingis Khans entstanden waren. Dieser hatte zunächst alle mongolischen Stämme im Innersten Asiens unterworfen, darunter den der Tataren, deren Name später (synonym mit «Mongolen») zur Bezeichnung seiner Krieger benutzt wurde. *Eine unglaubliche Menge hatte er vereinigt, daraufhin beschloß er, einen großen Teil des Erdballs zu erobern.* (92) Dieses Werk haben die Nachfolger

Dschingis Khans fortgeführt. Sie drangen nach seinem Tod (1227) noch weiter nach Westen vor, schlugen Russlands Fürsten, eroberten Kiew und erreichten 1241 Schlesien, Mähren und Ungarn. Mongolische Reitertrupps streiften damals bis zur Adriaküste.

Zur Zeit der ersten Reise der Brüder Polo bestand zwischen den Reichen der Dschingisiden nur noch ein loser Zusammenhang, Kriege waren an der Tagesordnung. Die Khane wählten allerdings nach wie vor aus den eigenen Reihen ein gemeinsames Oberhaupt: den Großkhan. Dies war seit 1260 Khan Kublai, ein Enkel Dschingis Khans. Er hatte seine Eroberungen im Osten des mongolischen Herrschaftsbereiches gemacht und sich dort nach der Wahl zum Großkhan «von chinesischen Fürsten, Generälen, Mandarinen zum ‹Sohn des Himmels› krönen» [19] lassen. 1272 proklamierte er die Yüan-Dynastie chinesischer Kaiser. Kublai blieb in dem eroberten Land ein fremder Herrscher – wie die Il-Khane in Persien, der Khan der Goldenen Horde im westlichsten der mongolischen Teilreiche und die Nachfolger von Dschingis Khans Sohn Tschagatai, die zwischen dem Amu-Darja und dem Altai-Gebirge herrschten.

Großkhan Kublai hatte die Gebrüder Polo bei jenem ersten Besuch beauftragt, *als seine Botschafter [...] einen seiner Offiziellen namens Khogatal zum Heiligen Stuhl nach Rom zu begleiten. Sein Anliegen bei dieser Kontaktaufnahme [zum Papst], sagte er ihnen, sei es, Seiner Heiligkeit die Bitte vorzutragen, ihm hundert gelehrte Männer zu senden, die genau mit den Prinzipien der christlichen Religion und mit den sieben freien Künsten vertraut und dazu befähigt seien, den Gelehrten seines Reiches in fairer und gerechter Beweisführung zu zeigen, dass der von den Christen bekannte Glaube jedem*

Dschingis Khan, der «ozeangleiche Herrscher», wurde um 1162 als Temudschin geboren. Er hatte einen langen Weg vom Stammeshäuptling zum Großkhan aller mongolischen Nomadenstämme zurückgelegt, ehe er 1207 mit den für ihre Grausamkeit berüchtigten Eroberungszügen begann. 1215 stürmten seine Reiterscharen Peking und wandten sich anschließend nach Westen.
Bei seinem Tod erstreckte sich Dschingis Khans Reich vom Gelben Meer bis zur Kaspisee.

**23**

Kublai Khan lässt Maffeo und Nicolao Polo ein Goldtäfelchen überreichen, das ihnen sicheres Geleit gewähren
soll.

*anderen überlegen sei und auf mehr offenbarer Wahrheit basiere als
jeder andere; dass die Götter und Götzen der Tataren, die in ihren
Häusern verehrt werden, nichts als böse Geister und dass die Völker
des Ostens im Allgemeinen, die sie als Götter verehrten, im Irrtum befangen seien. Auch sollten sie aus Jerusalem Öl von der Lampe mit-
bringen, die über dem Grabe Unseres Herrn Jesus Christus brennt,
für den er größte Verehrung habe* (W 12 f.). Kein Wort mehr vom
Edelsteinhandel, auch von Geschenken vermerkt der Bericht
nun nichts mehr. Hier ging es um mehr als Kommerz. Sollten
jene 100 Gelehrten tatsächlich *beweisen können, dass das Gesetz
Christi das beste und jede andere Religion schlecht und sündhaft sei,
[…] würde er mit all seinen Untergebenen zum Christentum übertre-
ten und Vasall der Kirche werden* (Y I, 13 f.).

Aus den venezianischen Geschäftsleuten waren kaiserliche mongolische Gesandte geworden. Der Text liebt derlei
«lakonische und verwirrende» (Ol 83) Wendungen der Geschichte, die ihn zugleich spannend und erbaulich machen
und die Story trotzdem übersichtlich und lesbar halten. Marco
war freilich noch nicht mit dabei, als diese Verwandlung statt-

Auch in den Illustrationen spiegelt sich die Vielfalt der oft widersprüchlichen Überlieferungen. In dieser Miniatur (um 1400) sind aus den «Brüdern» Maffeo und Nicolao Mönche geworden; die «Goldtafel» des Großkhans erscheint hier als goldene Speisetafel.

fand. Was die Bekehrungsbereitschaft des Khans betrifft, so ist sie leicht als Zutat frommer Kopisten auszumachen, wird sie doch nur in einem Teil der Manuskript-Quellen erwähnt. Der Pipino-Text resümiert, der Khan *wünschte aus gesicherter Quelle zu erfahren, welcher Glaube eingehalten werden sollte und aus welchen Gründen* (P 9).

Vom Gold, das in späteren Kapiteln eine wichtige Rolle spielt, sobald es *im Überfluss vorhanden* ist (Y II, 106), wird bei jenem ersten Abschied von Kublai Khan lediglich im Zusammenhang mit einem Brauch gesprochen, der uns später wieder

begegnen wird: *Nachdem der Oberste Herrscher den beiden Brü-*
*dern [...] seine Botschaft an den Papst aufgetragen hatte, befahl er,*
*ihnen ein Goldtäfelchen zu geben, worauf vermerkt war, daß jeder-*
*mann überall verpflichtet sei, die drei Abgesandten zu beherbergen*
*und ihnen Pferde und Begleiter zur Verfügung zu stellen für ihre Rei-*
*se von Provinz zu Provinz.* (14)

Der mongolische Begleiter Khogatal erkrankte unterwegs;
*mit seiner Zustimmung ließen sie ihn zurück. Bei der Reise kam ihnen*
*die kaiserliche Tafel sehr zustatten, die ihnen überall, wohin sie ka-*
*men, die beste Aufnahme sicherte.* (K 13)

*Sie ritten Tag für Tag, und nach drei mühsamen Jahren erreich-*
*ten sie Laias*[20]. (14) Von dort segelten sie nach Akko, in der Absicht, sich sogleich an die Erfüllung des ersten Teils ihres Auf-
trags zu machen: Öl von der Lampe der Grabeskirche in Jerusalem zu besorgen. Den Papst aufsuchen konnten sie nicht,
denn sie mussten vernehmen, *daß Papst Clemens IV. vor einigen*
*Monaten gestorben sei* (K 13). So entschlossen sie sich, ohne damals Jerusalem aufgesucht zu haben, zur Weiterreise ins heimatliche Venedig.

Bei dieser Rückkehr von Vater und Onkel nach ihrer ersten
Reise, 1269, hat der fünfzehnjährige Marco seinen Vater zum
ersten Mal gesehen. Die Mutter des Knaben, deren Name nicht
überliefert ist, lebte zu jener Zeit nicht mehr. Wann und unter
welchen Umständen sie starb, ist unbekannt. Unbekannt sind
auch der Zeitpunkt für den Entschluss, auf die zweite Reise
nach Osten den jungen Marco mitzunehmen und die Gründe
dafür. Die Gebrüder Polo *warteten zwei Jahre in Venedig auf die*
*Ernennung eines Papstes [...] und noch immer bestand keine Aussicht,*
*daß ein Papst gewählt würde. Sie waren nun der Meinung, die Rück-*
*kehr zum Großkhan nicht länger hinauszögern zu dürfen.* (15 f.)
Nicht ohne Grund wählten sie also 1271 – mit Jung-Marco in
ihrer Begleitung – Akko als erstes Ziel. Das heilige Öl aus der
Grabeskirche ließ sich auch ohne weiteres Warten auf die Wahl
eines Papstes besorgen. Als nach dem Abstecher nach Jerusalem noch immer keine Nachricht vom Ende des Konklaves vorlag, brauchten die Polos Rat. Sollten sie weiterreisen – auch
dann, wenn Kublais Wunsch nach 100 weisen Abgesandten des

Papstes unerfüllt bleiben musste? Es gab in Akko jemanden, der helfen konnte. Ihn hatten, glauben wir Rustichello, die Gebrüder Polo schon bei ihrem ersten Aufenthalt in der Stadt angetroffen und ihm bei jener Gelegenheit eröffnet, *in welcher Mission sie der Oberste Herrscher der Tataren zum Papst schicke* (15). Es handelte sich um den aus Piacenza stammenden Legaten Tedaldo [21] Visconti, Archidiakon von Lüttich, der sich als höchster Repräsentant der römischen Kirche bei den Kreuzfahrern aufhielt – ein Mann, «welcher zwar nicht durch eine tiefe oder ausgebreitete Gelehrsamkeit sich auszeichnete, in weltlichen Geschäften aber große Erfahrung sich erworben hatte» (Wi 622). Er soll Nicolao und Maffeo Polo zwar bei ihrer Rückkehr von der ersten Reise geraten haben, *abzuwarten, bis ein neuer Papst gewählt ist* (15), worauf sie sich seinerzeit zur Weiterfahrt nach Venedig entschlossen; doch steht nicht zweifelsfrei fest, ob er sich 1269 schon im Heiligen Land aufhielt.

Jetzt gab er ohne Zögern seine Zustimmung zur Rückkehr an den Hof des Großkhans. Er sah, *wie vorteilhaft und ehrenvoll die Angelegenheit für die Christenheit wäre* (15). Tedaldo verfasste ein Schriftstück an Kublai, in dem er *bezeugte, wie Messer Nicolao und Messer Maffeo ihn über den Auftrag aufgeklärt haben, daß aber der Tod des Papstes die Erfüllung verhindert habe* (16). Mit dieser Rechtfertigung für ihren verspäteten Aufbruch in Händen setzten die Polos ihren Weg fort, der Route folgend, auf der sie von ihrer ersten Reise zurückgekehrt waren: über Ayas am Golf von Iskenderum. Sie waren eben dort eingetroffen, *da vernahmen sie, der Legat sei zum Papst gewählt worden. […] Bald darauf erschien ein Bote […], den der Papst, der ehemalige Legat, geschickt hatte. Er meldete, Messer Nicolao, Messer Maffeo und Marco möchten […] wieder umkehren.* (17)

Die Mehrheit der Kardinäle sah den Legaten nach dem Tod von Papst Clemens IV. als «Mann mit einer einzigen Idee: Europa muss zur Rückeroberung Palästinas aufgerüttelt werden» [22]. Die Wahl Tedaldos am 1. September 1271 beendete eine mehr als drei Jahre währende papstlose Zeit. Das Votum der Kardinäle für den Archidiakon, wenn auch offensichtlich ein «Kompromiß» [23], war ein Bekenntnis zur Fortsetzung der

Kreuzzüge, zu der es dann allerdings nicht mehr kam; der Tod des französischen Königs Ludwig IX. («Saint Louis») in Tunis 1270 markiert historisch das Ende dieser Epoche.

Die Kenntnis der zeitlichen Abläufe nach der Papstwahl im fernen Viterbo (nördlich von Rom) lässt Schlüsse auf die Termine zu, zu denen die Polos reisten. Zeitangaben in Marco Polos Bericht sind oft unzuverlässig oder fehlen gar ganz.

Der zum Papst gewählte Tedaldo schiffte sich Mitte November nach Italien ein und erreichte am Neujahrstag 1272 Brindisi. Er nahm bei der Inthronisation den Namen Gregor X. an. Wenn das Schiff mit Tedaldo an Bord von Akko nach Brindisi sechs Woche unterwegs war, wird die Nachricht von der Wahl des Legaten zum Papst eine vergleichbare Zeitspanne benötigt haben, um nach Akko zu gelangen. Der Bote, der die Polos aus Ayas nach Akko zurückholen sollte, kann sich also erst Mitte Oktober auf den Weg gemacht haben. Für die Botenfahrt nach Ayas, die Reise der Polos zurück nach Akko *in einer Galeere, die der armenische König zu ihren Ehren hatte ausrüsten lassen* (17) und die abermalige Verabschiedung, diesmal durch den neuen Papst, *wobei sie seinen Segen erhielten* (Y 1,22), bleibt somit nicht mehr als ein Monat. Eine knappe Geschichte; unmöglich ist sie nicht.

Der neu gewählte Papst gab den Reisenden bei ihrem zweiten Aufbruch zwei Dominikanermönche zur Begleitung mit, *die sich zufällig in Akko befanden, erfahrene, kenntnisreiche Männer und gelehrte Theologen. [...] Diesen erteilte der Papst die Vollmacht, Priester zu weihen, Bischöfe zu ernennen und alle Absolutionen zu erteilen, die er selbst geben konnte. Außerdem übergab er ihnen wertvolle Geschenke, darunter verschiedene schöne Kristallvasen, die sie dem Großkhan in seinem Namen und mit seinem Segen überreichen sollten.* (K 15)

Die zwei Dominikaner waren nicht die von Kublai zur Belebung des Streitgesprächs zwischen den Religionen in seinem Reich erhoffte Hundertschaft an christlichen Gelehrten, doch war die schnell improvisierte Lösung besser als gar kein Eingehen auf den Wunsch des Großkhans. Lange währte die Freude der Polos über ihre neuen Gefährten allerdings nicht. Kaum

GREGORIVS X.
comitib.<sup>9</sup>Placentinus
an. 1271. Sedit ann.
Obijt 10. Ianuar. an.

Theobaldus e Vice-
creat. die 1. Septem.
4. mens. 4. dies 10.
1276. Vac. Sed. d. 10.

Tedaldo Visconti, Archidiakon von Lüttich,
der 1272 Papst Gregor X. wurde und die
Reisepläne der Polos unterstützte.

war Ayas, *die große Handelsstadt am Meer* (27), erneut erreicht und der Weg ins Landesinnere angetreten, verdichteten sich Gerüchte über einen Kriegszug des ägyptischen Sultans und seiner Mamelucken in diese Gegenden. Die Mönche *fürchteten um ihr Leben und erklärten, sie gingen nicht mehr weiter. Empfehlungsbriefe und andere Schriftstücke übergaben sie Messer Nicolao und Messer Maffeo* (18). Die Venezianer *aber zogen unerschrocken den Gefahren und Hindernissen entgegen [...] und setzten ihre Reise fort* (K 15 f.).

Wieder einmal hatten sie, wie schon im Fall des Mongolen Khogatal, mit ihren Reisebegleitern kein Glück. Letztlich haben jedoch diese Episoden dazu beigetragen, dass die beiden Polo-Reisen selbständige Unternehmungen der Venezianer wurden und der ursprüngliche Charakter als Austausch von

Gesandtschaften zwischen den Großen der Erde in den Hintergrund trat. Noch waren es freilich die beiden älteren Polos allein, die den Reiseverlauf bestimmten. Doch Marco lernte von Vater und Onkel, und er hatte offene Augen und Ohren. *Er war gescheit und verständig.* (20)

Im Vorfeld der Gebirgsketten des Taurus wurde die Seereise zur Landreise. Von dem Wegstück zwischen Akko und Jerusalem abgesehen, hatten die Reisenden sich bisher ausschließlich des Schiffs als Verkehrsmittel bedient. Als Venezianer waren ihnen Galeerenplanken seit frühester Jugend vertraut. Während der langen Abwesenheit des Vaters von der Lagunenstadt dürfte Marco wie seine Altersgenossen aus anderen Kaufmannsfamilien eine seemännische Ausbildung durchlaufen und mit siebzehn bereits das Wasser als natürliches Element für die menschliche Fortbewegung empfunden haben. Selbst jetzt, da die östlichste Ecke des Mittelmeeres erreicht war, sollte mit Hilfe des Umsteigens auf Karren und Karawane eigentlich nur eine Landbrücke überwunden werden, um zum nächsten Hafenplatz zu gelangen: Hormos am Ausgang des Persischen Golfs. *Hier legen die indischen Schiffe an. Sie bringen alle Gewürzsorten, Edelsteine, Perlen, Seidenstoffe, Goldtücher, Elfenbein und noch vieles mehr.* (54) Eingedenk der jüngsten Erlebnisse, die zur Umkehr der Dominikaner nach Ayas führten, und ihren Erfahrungen bei der ersten Reise zum Großkhan, auf der ebenfalls *Kriegswirren* (9) als Gefahr bei einer Landreise eine erhebliche Rolle spielten, waren die Gebrüder Polo entschlossen, mit Marco den Seeweg zu wählen. Dass auch dieser seine Risiken hatte, sollte sich zeigen, sobald Hormos erreicht war.

*Sie ritten Sommer und Winter [...]. Was sich unterwegs alles ereignete, soll jetzt nicht erwähnt werden; später wird in diesem Buch alles der Reihe nach erzählt. Ihr müßt aber wissen: es waren beschwerliche dreieinhalb Jahre. Schnee, Regen und hochgehende Flüsse behinderten die Reisenden; zur Winterszeit konnten sie nicht reiten wie im Sommer. [...] Wie soll ich jetzt weiterfahren?* (18 f.) Mit gespielter Ratlosigkeit leitet der Erzähler zum eigentlichen Be-

Die Hafenstadt Akko. Kreidelithographie, koloriert, nach einem Aquarell von David Roberts, 1839

richt über. Wenig später, nachdem so raumgreifend wie zeit-raffend der gesamte Reiseverlauf umrissen ist, heißt es: *Damit ist der Prolog zu Ende, und jetzt beginnt das Buch.* (26)

Selbst wenn Differenzen zwischen den überlieferten Text-varianten vernachlässigt werden, lässt sich der Bericht Marco Polos nicht einfach als eine Aneinanderreihung von Wegsta-tionen interpretieren. Längst nicht alle Orte, die er beschreibt, hat Marco Polo auch besucht. Das Buch ist der Erläuterung eines in Vergessenheit geratenen Brettspiels nicht unähnlich, zu dem sich zwar die Spielregeln noch rekonstruieren lassen, nicht jedoch die einzelnen Züge der konkreten Partie, um die es geht: Unklar bleibt vielfach, bei welchem Zug jener einen Par-tie welche Felder benutzt wurden und welche man ausließ. Der Entdeckungsgeschichtler Walter Krämer schreibt: «Welchen

Weg die Reisenden im einzelnen genommen haben, bleibt freilich umstritten, da Marco Polo nicht versucht hat, einen Reise-
ablauf zu geben, sondern ein Gesamtbild der durchwanderten
Gebiete zu entwerfen. An dieser Aufgabe mußte er aber scheitern, da in jener Zeit weder die entsprechenden methodischen
Grundlagen noch die wissenschaftlichen Voraussetzungen gegeben waren.» (Kr 194)

Besonders schwierig wird die Entscheidung über den tatsächlichen Reiseverlauf auf dem Wegabschnitt nach Hormos,
werden hier beschriebene Städte und Landschaften doch sowohl auf dem Hinweg als auch bei der Rückreise berührt. Auch
sind die benutzten Namen von *Königreichen* (46), die vielfach
schon zum Zeitpunkt der Niederschrift als politisch selbständige Gebilde zu bestehen aufgehört hatten, zur Orientierung
wenig hilfreich. Seit der Landung in Ayas *in Klein-Armenien, das
den Tataren tributpflichtig ist* (27), reisten die Venezianer im
Reich der Il-Khane, wegen seiner Lage relativ zum (westlicheren) Reich der Goldenen Horde *Ostreich* (26) genannt; beschrieben werden Orte bis nach Georgien und am Kaspischen Meer,
die keineswegs an der Route der Reisenden lagen. Ob die drei jedoch auf ihrem Hinweg Täbris und Isfahan besucht haben oder
über Mosul, Bagdad und Basra einem westlicheren Weg gefolgt
sind, ist ungewiss. Bereits hier, nicht erst später in China, wird
klar: Man wird dem Buch nur gerecht, sucht man im Text nicht
vorrangig eine Routenbeschreibung, sondern vielmehr, dem
Wissensstand seiner Autoren und ihrer Zeit angemessen, ein
Kontinuum schier enzyklopädischer Informationen aus Religion und Geschichte und Tagespolitik der bereisten Gebiete,
ihrer Geographie und Völkerkunde; Polo übermittelt Nachrichten zu Themen wie Klima, Handel, Tierwelt und Mode,
Wirtschaft, den Reisetechniken, Schlachtengeschichte und
Militärwissenschaft, über Ackerbau, über Gewürzmärkte, die
Viehzucht und zahlreiche andere Gebiete menschlicher Akti-
vität – bis hin zur Medizin, den Nahrungsgewohnheiten, dem
Abbau und der Nutzung von Bodenschätzen und dem Schiff-
bau. Die Unterscheidung dieses breiten – wenn auch nie voll-
ständigen – Angebots vom Erlebnisbericht wird erschwert, ja

# STAMMTAFEL DER DSCHINGHISIDEN

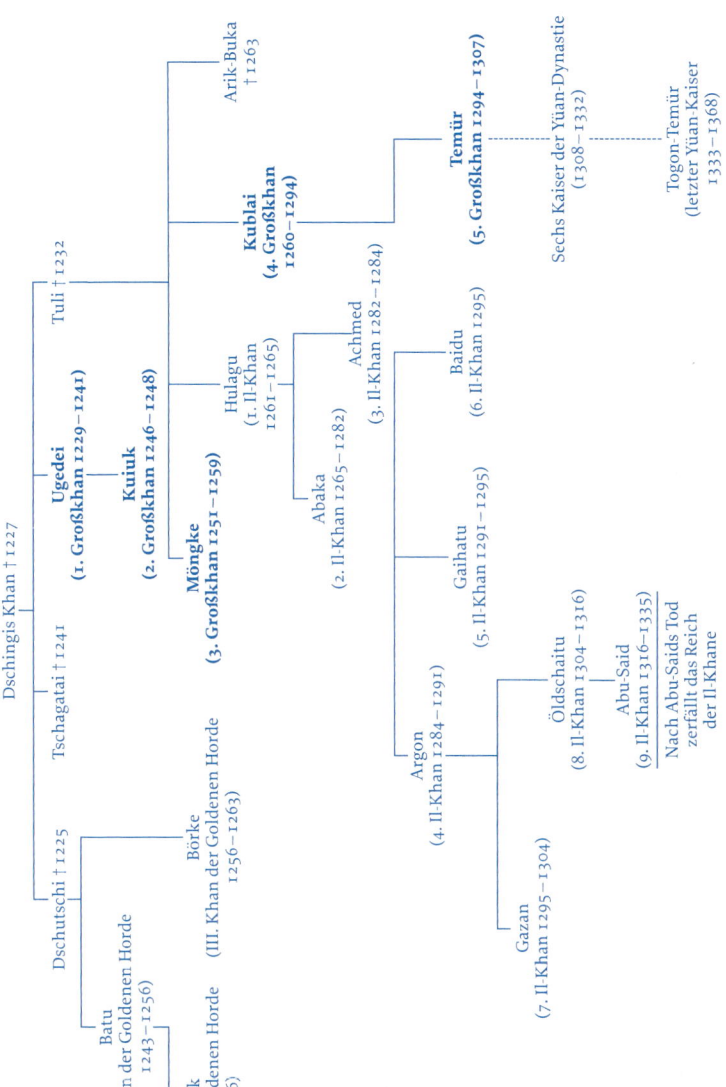

Dschingis Khan † 1227

Dschutschi † 1225

Tschagatai † 1241

**Ugedei
(1. Großkhan 1229–1241)**

**Kuiuk
(2. Großkhan 1246–1248)**

Tuli † 1232

**Möngke
(3. Großkhan 1251–1259)**

Arik-Buka
† 1263

Batu
(I. Khan der Goldenen Horde
1243–1256)

Börke
(III. Khan der Goldenen Horde
1256–1263)

Sartak
(II. Khan der Goldenen Horde
† 1256)

Hulagu
(1. Il-Khan
1261–1265)

**Kublai
(4. Großkhan
1260–1294)**

Abaka
(2. Il-Khan 1265–1282)

Achmed
(3. Il-Khan 1282–1284)

**Temür
(5. Großkhan 1294–1307)**

Sechs Kaiser der Yüan-Dynastie
(1308–1332)

Togon-Temür
(letzter Yüan-Kaiser
1333–1368)

Argon
(4. Il-Khan 1284–1291)

Gaihatu
(5. Il-Khan 1291–1295)

Baidu
(6. Il-Khan 1295)

Gazan
(7. Il-Khan 1295–1304)

Öldschaitu
(8. Il-Khan 1304–1316)

Abu-Said
(9. Il-Khan 1316–1335)

Nach Abu-Saids Tod
zerfällt das Reich
der Il-Khane

33

sogar oft unmöglich gemacht. Beispielsweise nimmt es Rustichello mit der zu Beginn abgegebenen Versicherung meist
nicht genau, es werde *Selbsterlebtes vom bloß Gehörten getrennt,
auf daß unser Buch ein richtiges, ein wahrheitsgetreues und kein Fa-
belbuch sei* (7).

Marco Polo nennt Bagdad *die mächtigste Stadt der ganzen
Region* (34). Hat er sie jedoch überhaupt besucht? Die Frage ist
unterschiedlich beantwortet worden. Verlockend wäre es, die
Venezianer hier – oder spätestens, wie den Märchenhelden
Sindbad, in Basra am Zusammenfluss von Euphrat und Tigris
zum Schatt-el-Arab – wieder ein Schiff besteigen zu lassen und
nicht erst in Hormos, wie sie es vorhaben. Kartographische
Beispiele für eine Textdeutung im Sinne dieser Variante ließen
sich anführen, etwa das Übersichtsblatt des verdienstvollen
Polo-Forschers Sir Henry Yule («Marco Polo's Itineraries, No. 1»
in Y I).

Textstellen ließen sich vorweisen, die einen Besuch Polos
in Bagdad nicht ausschließen: *Ein breiter Fluß durchfließt die
Stadt. Er ist schiffbar bis ins Indische Meer; es herrscht da ein eifriger
Handelsverkehr. Gute achtzehn Tage dauert die Reise […] zum Meer.
Die Händler, die nach Indien wollen, fahren auf dem Fluß […] an der
großen Stadt Basra vorbei. Prächtige Dattelpalmen mit den süßesten
Früchten gedeihen in ihrer Umgebung.* (34) Doch gilt es auch
Widerspruch zu registrieren. Der Polo-Forscher Paul Pelliot
sagt zum Stichwort Bagdad ebenso kurz wie eindeutig: «Polo
hat es nie besucht.» (Pe III, 16) Und ein britischer Kritiker der
Yule-Karte besteht darauf, Bagdad habe seit der Eroberung
durch die Il-Khane «eher abseits der Hauptkarawanenstraße
[gelegen], sodass Marco offenbar östlich» davon gereist sei.
Darauf antwortet der Herausgeber von Yules Werk, Henri Cor-
dier: «Es sei mir erlaubt zu entgegnen, dass zu der Zeit, da Marco Polo nach Osten aufbrach, Bagdad noch nicht abseits der
Hauptkarawanenstraße lag. […] Wir haben Beweise für seinen
Wohlstand zu Beginn des 14. Jahrhunderts.» (Y 20) Worauf der
Kritiker erklärt, er sei «bereit, sich umfassenderem Wissen zu
beugen, wenngleich die Tatsache nicht völlig bewiesen ist»[24].
Seit im frühen 19. Jahrhundert im Umfeld eines gewachsenen

Karawane. Arabische Miniatur aus dem 13. Jahrhundert

europäischen Interesses an China die eigentliche moderne Polo-Forschung einsetzte, ist über viele – zentrale wie nebensäch-
liche – Dinge im Zusammenhang mit der Reise des Venezianers gestritten worden, manchmal auch auf sehr scholastische
Weise.

In einem Punkt meldet kein Polo-Forscher Widerspruch an:
Ziel der Fahrt zum Persischen Golf, ob sie nun gänzlich zu Lande oder teilweise auf dem Wasserweg erfolgte, war Hormos.
Die Stadt, durch den Mongoleneinfall stark zerstört, lag damals noch auf dem Festland; «wenige Jahre drauf wurde es auf
die Insel verlegt, die so bekannt wurde» (Y I, 110, Anm. 1). *In der
verkaufen da ihre Waren an Händler aus der ganzen Welt. Die Stadt
ist ein großer Warenumschlagplatz.* (54) Doch war man nicht gekommen, selbst Geschäfte zu machen, sondern sah sich lediglich nach einer Mitfahrgelegenheit in Richtung Indien um.
Die dabei gewonnenen Einblicke waren beunruhigend. *Ihre*

Händler legen mit ihrer Fracht am Ufer nahe der Stadt Hormos
am Persischen Golf an.

*Schiffe sind schlecht gebaut und nutzen sich rasch ab, weil sie nicht mit Eisennägeln gefügt sind, sondern nur mit Schnüren geheftet. Die Handwerker verfertigen die Schnüre aus den Schalen der indischen Kokosnuß. [...] Die Schiffe sind offene Einmaster, sie haben ein Segel und ein Ruder.* Dies war – als Gegensatz zu dem im Mittelmeer damals noch gebräuchlichen Doppelruder – offenbar erwähnenswert. Zur Beruhigung der Reisenden hat es jedoch nicht beigetragen: *[...] ich sage euch: es ist gefährlich, mit solchen Schiffen zu segeln, von manchem Schiffbruch wäre zu berichten, denn im Indischen Meer gibt es oft heftige Stürme.* (55) An diesem Punkt der Reise waren die Venezianer nicht bereit, solche Risiken einzugehen. In Hormos wurde die Umkehr beschlossen. *Wir werden einen anderen Weg einschlagen [...]. Jetzt beginne ich mit der Beschreibung der Länder im Norden.* (57)

Auf dem Rückweg aus China, mehr als zwei Jahrzehnte später, wird für die Polos Gelegenheit sein, sich mit Vorkehrungen indischer Seeleute für den Fall eines Schiffsuntergangs vertraut zu machen: *Sie nehmen eine Anzahl Lederschläuche an Bord. [...] Wenn das Schiff in den tosenden Wellen versinkt, halten sich die Männer an den Schläuchen fest. [...] danach blasen sie die Schläuche auf. Auf diese Weise retten sie sich aus Seenot; aber die Schiffe mit der schweren Ladung sind verloren.* (377) Dann wird Marco kein achtzehnjähriger Jüngling mehr sein, sondern ein Mann Ende dreißig, der dafür hoch gerühmt wird, dass er *gesegelt sei und über große Erfahrungen verfüge* (K 19). Die Umkehr in Hormos aber fiel noch in eine Zeit, da Marco lediglich Juniorpartner von Vater und Onkel war.

Der Entschluss hat das Bild von ihm als Reisendem durch die Jahrhunderte erheblich beeinflusst. Ohne die Entscheidung, vom Persischen Golf aus nicht auf dem Seeweg über Indien, sondern auf der Landroute durch das innerste Asien zum Hof des Großkhans zu gelangen – eine Umdisponierung, an welcher der junge Marco Polo wohl nicht maßgeblich beteiligt gewesen sein dürfte –, wäre es nicht dazu gekommen, dass er bald überwiegend als Landreisender gewürdigt wurde. Die Umschrift des Titelbildes in der ersten gedruckten Polo-Aus-

«Hi hebit sich an dy heydnische cronike von der manchvalt des begengnissis und sitin unde wyse vil provincien di herno geschrebin sten. Eyn edil man und eyn wyser herre, Marcus genant, eyn burger czu Venedige ...». Früheste deutsche Übersetzung aus dem Lateinischen des Marco-Polo-Reiseberichts im Besitz der Admonter Stiftsbibliothek, 2. Hälfte des 14. Jahrhunderts

gabe überhaupt, die 1477 in Nürnberg erschien, preist ihn schon als den «edel Ritter Marcho polo von Venedig der grost landtfarer» (T XV); die Handschrift der frühesten deutschen Übersetzung, für die «eine Entstehungszeit in der zweiten Hälfte des 14. Jahrhunderts» (T L) angenommen wird, gibt noch die ausgewogenere Beurteilung, er sei «eyn merverer und eyn lant shower» (T 1) gewesen. Ein Meerfahrer und Land-schauer – das berücksichtigt beide Aspekte seines Reisens und seiner Welterfahrung. Doch wurde er schließlich vor allem ge-feiert als «der größte Landreisende […], den die Geschichte der europäischen Entdeckungen je gekannt» hat (Kr 207).

# Zur Seidenstraße

Der Weg von Hormos landeinwärts führte zunächst nach Kerman. Dem Wüstenwanderer steht, sobald er diese Stadt verlässt, *eine siebentägige beschwerliche Reise bevor. Die ersten drei Tage findet er keinen Bach, überhaupt kein oder fast gar kein Wasser, und wenn er schon welches findet, dann ist es brackig und grün wie Wiesengras und bitter, unmöglich zum Trinken.* (57)

Ehe er von der Mühsal des Karawanenalltags in den zentraliranischen Wüsten spricht, erwähnt Marco Polo ein anderes Übel des Weges, schlimmer noch als sengende Sonne und Wassermangel: Räuber. Er *selbst wurde in der Dunkelheit beinahe von diesem Gesindel gepackt, aber er konnte entweichen und rettete sich [...]. Etliche seiner Begleiter wurden ebenfalls erwischt; einige wurden verkauft, andere getötet. Laßt uns jetzt das Thema wechseln.* (53) Keine Erwähnung findet in diesem Zusammenhang die goldene Schutztafel des Großkhans von der ersten Reise der älteren Polos. Doch stellt, von derlei unliebsamen Zwischenfällen absehend, der Text eine Beziehung her zwischen der harten Faust, die das Land beherrscht, und der als Pax mongolica gerühmten generellen Ruhe im Land, von der auch Handel und Wandel profitieren. Entlang der Wege in Persien, das beschrieben wird als *eine riesige Provinz, eingeteilt in acht Königreiche* (46), gebe es – heißt es – *viele Mörder und grausame Menschen; sie bringen sich gegenseitig um, und wenn sie nicht ihre obersten Herrscher, die Osttataren, fürchteten, würden sie auch die*

Während Marco das Herz der Großen Salzwüste diagonal durchquert hatte, fahren die Busse am östlichen Rand der Wüste entlang. Selbst dort ist die Straße eine der schlechtesten in Persien. Im Sommer muss wegen der brennenden Hitze während des Tages ein beträchtlicher Teil der Tagesstrecke nach Anbruch der Nacht bewältigt werden. Sehr selten waren wir gegen Mittag unterwegs. Die Passagiere ließen sich stattdessen apathisch in einem Rasthaus nieder, um der schlimmsten Hitze zu entkommen.

Tim Severin: Tracking Marco Polo. New York 1986, S. 134

*Handelsreisenden überfallen. Die Tataren sorgen dafür, daß den Kaufleuten nichts geschieht, ohne bewaffnete Begleitung würden sie nämlich meuchlings ermordet.* (47) Bedenkt man die Zerstörungen und die Ausrottung großer Teile der Bevölkerung während des Mongolensturms, so war die Pax mongolica wohl eher eine Friedhofsruhe. *Persien war einst ein bedeutendes Reich; in letzter Zeit erst haben es die Tataren zerstört und das Land verwüstet.* (43) Diese Feststellung wird konkreter, sobald jenseits der Wüste, hinter den Gebirgsmassiven im heutigen Afghanistan, der Ort erreicht ist, an dem bis 1220 die Stadt Balc[25] lag. *Einst standen*

Als die Tataren Persien erobern, belagern sie drei Jahre lang die Burg des «Alten vom Berge», des Herrn der Assassinen. In einem Tal im Gebiet von Muleet ließ er einen prächtigen Paradiesgarten anlegen, den nur seine Assassinen betreten durften. Der Legende nach wählte er junge Männer aus seiner Provinz, die ihm als Soldaten besonders geeignet erschienen, ließ sie mit Drogen (Haschisch) betäuben und in den Paradiesgarten bringen. Geblendet von Schönheit und Luxus, waren ihm die Assassinen von nun an hörig und töteten auf Befehl die Feinde des Alten. Aus dem arabischen «hasasin» (Mensch unter Drogeneinfluss) entstanden das französische (assassin) und italienische (assassino) Wort für Meuchelmörder.

*hier herrliche Paläste und prächtige Marmorvillen, aber heute sind es Ruinen. [...] In Balc endet das Reich des Osttataren-Herrschers, hier verläuft die persische Ost-Nordost-Grenze [zum Reich der Nachfolger Tschagatais in Trans-Oxanien; Polo nennt es «Groß-Türkei»]. Viel anderes ist da nicht mehr zu berichten* (65). Weniger zurückhaltend als Marco Polo schildert der Historiker Juvaini als Zeitzeuge die Zerstörung von Balc durch Dschingis Khan und deren Ausmaß: Die Stadt habe als «durch die Vielfalt ihrer Produkte anderen überlegen» gegolten; sie sei «in früheren Zeiten in den Ländern des Ostens das gewesen, was Mekka dem Westen bedeutet. [...] Dschingis Khan befahl, die Bevölkerung von Balkh, klein und groß, Männer und Frauen, hinaus in die Ebene zu treiben und [...] mit dem Schwert zu töten [...]. Und wo auch immer noch eine stehen gebliebene Mauer zu sehen war, legten die Mongolen sie nieder und [...] tilgten alle Spuren von Kultur in dieser Gegend.» [26]

Die Einwohner des Landstriches hatten zu der Zeit, da Marco Polo dort durchzog, die Angst vor den Eroberern noch nicht überwunden. Er schreibt: *Von Balc aus reitet man etwa zwölf Tage lang Richtung Ost-Nordost, ohne auf eine einzige menschliche Behausung zu stoßen. Die Bewohner sind alle in die Berge geflüchtet und haben sich dort verschanzt [...]. Wasser fließt genug in der Gegend, die Jagd ist lohnend, es gibt sogar Löwen. Während der zwölftägigen Reise kann man sich keine Nahrungsmittel verschaffen, daher ist man gezwungen, Proviant für Mensch und Tier mitzuführen. Am zwölften Tag erreicht man die befestigte Ortschaft Taican* [27], *das ist ein wichtiger Getreideumschlagplatz. Das Land selbst ist sehr schön; im Süden erheben sich riesige Salzgebirge.* (65 f.)

Bei Talikan, in einem Tal, das sich weit zum Oberlauf des Amu-Darja öffnet, waren die Ausläufer der Gebirgswelt des Pamir erreicht. Der Bericht ist in diesen Teilen eindeutig; die an Polos Route genannten Namen sind hier nicht mit den Ländern zu verwechseln, die lediglich beschrieben, aber nicht besucht wurden. *Von Taican aus reitet man drei Tage lang in der vorher eingeschlagenen Richtung weiter. Das fruchtbare Land ist dicht besiedelt und bebaut [...]. Nach weiteren drei Tagen erreicht man [...] ödes Land, wo drei Tage nichts Eßbares, nichts Trinkbares zu finden*

Die Provinz Balaciam in Afghanistan. In einer reich bewaldeten Berglandschaft wachsen leuchtend rote Rubine aus einem Abhang.

*ist. Da nimmt eben der Reisende seinen Proviant mit. Am vierten Tag erreicht er Balascian*[28]*. Von dieser Provinz werdet ihr jetzt allerhand hören.* (66 f.)

Das Land an den Quellflüssen des Amu-Darja mit seinem Reichtum an Edelsteinen und anderen Bodenschätzen, unter denen er vor allem *die wertvollen Balasci-Edelsteine, die Rubine* (68) hervorhebt, hat Marco Polo in der Tat sehr genau kennen gelernt. *In der Höhe dehnen sich weite Ebenen mit fruchtbaren Wiesen und Bäumen, reiche und saubere Quellen sprudeln, und Bäche stürzen über Felsen hinab. Die Luft in jener Bergeshöhe ist rein und gesund. Wenn daher die Leute in den Städten und Dörfern, unten in den nahen Tälern, von irgendwelchem Fieber gepackt werden, [...] suchen sie Ruhe in den Bergen; ihre Krankheit klingt ab, und sie werden wieder gesund. Messer Marco hat erzählt, daß er dies an sich selbst erfahren habe.* (69 f.)

Die Nachricht von Marcos Erkrankung vor Überschreiten des Pamir fehlt in den ausschließlich auf Pipino zurückgehenden Werkfassungen. Wo sie am ausführlichsten erwähnt wird, heißt es, *nachdem er beinahe ein Jahr krank in dem Lande gelegen hatte, wurde ihm der Klimawechsel geraten, woraufhin er sogleich wieder gesund wurde* (K 65). Kein Wort über die Natur der Krankheit. Es bleibt zu vermuten, der Achtzehnjährige habe sich mit *einem Dreitage- oder Viertage- oder auch längerem Fieber* (70) geplagt, wie sie für die Gegend als durchaus typisch geschildert werden; mit anderen Worten: «es scheint möglich, dass er einen Malaria-Anfall hatte» (Ol 425).

Der im gesamten Bericht einzigartige Hinweis auf die Gesundheit Marco Polos gibt gleichzeitig einen wichtigen Fingerzeig auf die tatsächliche Reisezeit. Geht man davon aus, Marco Polo sei mit Vater und Onkel insgesamt *beschwerliche dreieinhalb Jahre* (18) zum Großkhan unterwegs gewesen, dann ist als Folge seiner Erkrankung am Fuß des Pamir von dieser Brutto-Reisezeit rund ein Jahr abzuziehen, es bleiben über zwei Jahre reine Wegzeit.

Polo hat seinen unfreiwilligen Aufenthalt am Nordrand des Hindukusch gut genutzt, um mehr über Land und Leute zu erfahren, auch jenseits des Gebirgszuges. Exakt bis zur Angabe der Anzahl von Tagesreisen, die notwendig sind, um über die Berge hinweg dorthin zu gelangen, erzählt er von Kaschmir. *Von hier aus könnte man bis ans Indische Meer reisen. […] Erst auf der Rückreise will ich, der Ordnung gemäß, von Indien erzählen. Wir wenden uns also wieder nach Badascian, eine andere Möglichkeit gibt es nicht.* (71 f.) In den enger werdenden Gebirgstälern liegt der Gedanke nahe, sie seien nun einem Zwangsweg gefolgt, der jede andere Routenoption ausschloss: *Nach dem zwölften Tag gelangt man in den kleinen Bezirk Vocan, der in jeder Richtung in zwei Tagen zu durchqueren ist. Auch dort leben Mohammedaner; sie haben eine eigene Sprache.* (72 f.) Dem Fluss Wakhan folgten die Polos aufwärts, *weiter gen Osten, immer durchs Gebirge. Man steigt und steigt, bis man die höchstgelegene Ebene der Welt erreicht. Zwischen zwei Bergzügen erstreckt sich ein Hochland, von einem breiten Fluß durchflossen. So saftige, kräftige Weiden wie hier findet man nirgends. […] Zwölf Tage reitet man durch die Pamir-Ebe-*

*ne. Während dieser Zeit findet man weder Wohnstätten noch Unterkunft, daher muß man für den Mundvorrat selber sorgen. In solcher Höhe und Kälte horsten keine Vögel. Auf etwas Besonderes möchte ich euch hinweisen: in der eisigen Höhenluft brennt das Feuer nicht so hell und rot wie andernorts, und die Speisen garen nicht richtig.* (73) Obwohl Polos Begründung einer interessanten Erscheinung falsch ist, schmälert dies nicht seinen Ruf als genauer Beobachter. Wasser siedet hier im Pamir – in einer Höhe über dem Meeresspiegel, die etwa der des Montblanc entspricht – schon deutlich unter 100 Grad Celsius, dem für Meereshöhe definierten «normalen» Siedepunkt. Den Begriff «Luftdruck» gab es zu Polos Zeit noch nicht.

Auch die belebte Natur auf der Pamir-Hochebene, dem Dach der Welt, fand das Interesse des Reisenden. Eine Spezies *Wildschafe, deren Hörner gute sechs oder mindestens vier oder drei Spannen lang sind* (73), wird noch heute nach Marco Polo genannt: Ovis poli. (Y I, 176 f.)

Die Polos durchquerten das von schroffen Gebirgszügen gerahmte Hochland des Pamir im östlichen Zipfel des heutigen Afghanistan, wo im 19. Jahrhundert diplomatische Willkür am grünen Tisch einen schmalen Pufferstreifen zwischen Russ-

Das Ovis poli (Mitte). Noch heute leben einige tausend dieser Dickhornschafe auf der Pamir-Hochebene in Afghanistan.

45

lands und Großbritanniens Interessensphären in Zentralasien geschaffen hat. Zurück im Tal, wandten sie sich nach Norden. Ihr nächstes Ziel war Kaschgar, *die größte und schönste unter den zahlreichen Städten im Nordosten. [...] Die Einwohner leben von Handel und Gewerbe. Sie haben prächtige Gärten, sie pflegen ihre Weinreben und [...] reisen durch die ganze Welt.* (74)

Die Lage der Stadt am Westrand des Tarimbeckens macht Kaschgar in der Tat zu einem wichtigen Platz für den Warenumschlag. Hier treffen sich die beiden – die Wüste Takla-Makan südlich und nördlich umgehenden – Zweige eines alten Fernhandelsweges, der China seit Jahrtausenden mit Gewerbe- und Kulturzentren in Mittelasien verbindet: der Seidenstraße. Nach Westen zu sind die Basare im Tal von Ferghana die nächsten Anlaufpunkte der Karawanen. In Kaschgar mag Polo von Samarkand gehört haben, das er einen *herrlichen, edlen* Ort nennt. (75) Dort gewesen ist er jedoch nicht.

Die Route der Polos führte am Südrand der Wüste entlang, über Yarkand – *eigentlich nichts Erwähnenswertes* (76) – nach Lop. Hier begannen die Venezianer einen dreißigtägigen Wüstenritt. Sie durchquerten ein weites Wüstenareal (Lop und Kum-Tag) an der schmalsten Stelle: *Die Wüste in ihrer ganzen Länge zu durchqueren, würde ein Jahr dauern, so sagt man. [...] während des nächtlichen Rittes durch die Wüste kann es geschehen, daß einer ein wenig zurückbleibt, sich von seinen Gefährten entfernt, um zu schlafen oder aus irgendeinem andern Grund. Wenn er sich dann seinen Mitreisenden wieder anschließen möchte, vernimmt er Geisterstimmen, die sprechen, als wären sie seine Gefährten; denn sie rufen ihn oft bei seinem Namen. Manchmal führen sie ihn derart in die Irre, daß er die Karawane nie mehr findet. Auf diese Weise sind schon viele gestorben und spurlos verschwunden.* (79 f.)

Das Buch des Marco Polo wird stets ein Dokument bleiben, das sorgfältige Analyse und Untersuchung verdient, und für jeden Asienreisenden ist es eine Quelle unaussprechlichen ästhetischen Genusses, wenn man den Zusammenhang der Weiten spürt und zur Kenntnis nimmt, was vor sieben Jahrhunderten der große Venezianer gesehen und schriftlich niedergelegt hat.

S. O. E. Agachanjanc:
Der Pamir im Buch des
Marco Polo.
In: Petermanns Geographische
Mitteilungen 1/1972

*Wenn man nach einer Reise von dreißig Tagen die Wüste durch-quert hat, kommt man in die Stadt Sachion[29], die dem Großkhan gehört.* (K 76) Wie schon bei früherer Gelegenheit lernte Polo hier, in der heutigen chinesischen Provinz Gansu, die bunte Mischung der Religionen kennen, zu denen sich die Einwohner bekannten: *Die Bewohner sind Heiden; es hat zwar auch Nesto-rianer und Mohammedaner. Et-liche sind zum nestorianischen Christentum bekehrte Türken.* (81) Die Textversion des Pipi-no macht – nicht nur an die-ser Stelle – aus Mohammeda-nern *Einwohner, die das Gesetz des elenden Mohammed einhal-ten* (P 27).

Mit *Heiden* meint Marco Polo Buddhisten; die nestoria-nischen Christen der bereis-ten Provinz waren turksprachige Uiguren, die einem seit dem 5. Jahrhundert von der römischen wie von der byzantinischen Kirche unabhängigen Ritus anhingen. Nestorianern ist Polo auch in anderen Reichsteilen Chinas begegnet; verständlicher-weise widmet er dem Leben der Christen in der Diaspora bei seiner Beschreibung der religiösen Verhältnisse die größte Aufmerksamkeit. Auch nimmt in Polos Bericht die Geschichte vom legendären Priesterkönig Johannes und seinem Reich, auf das die Mächte des christlichen Abendlandes große Hoffnun-gen als Bündnispartner im Kampf gegen den Islam setzten, breiten Raum ein.

Nach monatelangem Wüstenritt waren die Reisenden nun, da das abflusslose Tarimbecken endgültig hinter ihnen lag und sie das Quellgebiet der höchst gelegenen Zuflüsse des Hwang-ho erreicht hatten, in Kublai Khans eigentlichem Herrschafts-gebiet. *Städte und befestigte Orte sind zahlreich.* (86) Der Bericht erwähnt *Abteien und Klöster mit allen möglichen Götzenbildern, die verehrt und angebetet werden und denen geopfert wird* (81). Das

> Wie das offene Meer lag die Weite der gelben Dünen vor mir. Nichts unterbrach die wellige Monotonie als ausgebleichte Baumstämme oder Reihen zersplitterter Pfähle. Sie mar-kierten den Standort von Häusern, die sich einst hier und dort über die sandigen Kämme erhoben hatten. All das ließ an das Bild eines Schiff-wracks denken, von dem nichts als die hölzernen Spanten übrig geblieben waren. Und da waren auch die frische Brise und die große Stille des Ozeans.
>
> Sir Aurel Stein: On Ancient Central-Asian Tracks. Chicago 1964, S. 9

Der Priesterkönig Johannes. Titelholzschnitt im Bericht
des Paters Francisco Alvares über Äthiophien, 1540

Um die Mitte des 12. Jahrhunderts erhielt das Abendland erste vage
Nachrichten von einem mächtigen christlichen Königreich im Osten.
Dessen Herrscher, ein nestorianischer Priesterkönig Johannes, hieß es,
habe die Meder und Perser unterworfen und schicke sich an, Jerusalem
dem Zugriff der Sarazenen zu entreißen. Diese Idee kam dem Wunsch-
denken der Kreuzfahrerzeit entgegen. Bald darauf tauchte ein ‹Brief
des Priesterkönigs Johannes› an die beiden christlichen Kaiser und an
den Papst auf, der von den Adressaten für authentisch angesehen
wurde. Versuche zur Kontaktaufnahme mit dem potenziellen Verbündeten blieben erfolglos. Seit dem 15. Jahrhundert wurden christliche Herrscher Abessiniens mit dem legendären ‹Presbyter Johannes›
identifiziert.

Höhlenkloster Mogao mit seinen aus dem Felsen gehauenen Kolossalfiguren soll hier namentlich erwähnt sein.

Letzte Station an der Seidenstraße war *die große, prächtige Hauptstadt* der heutigen Provinz Gansu, Lanzhou am Hwang-ho. (88) Hierher wird Marco Polo noch einmal gelangen, als vom Großkhan beauftragter Staatsbeamter – *für ungefähr ein Jahr, da es die Verhältnisse erforderten* (K 85). Es wird seine erste Reise in einem neuen Lebensabschnitt sein. Noch aber befindet er sich erst auf dem weiten Weg an den Hof des Herrschers.

Die Seidenstraße überquert bei Lanzhou den Hwangho und verläuft in südöstlicher Richtung bis Sian. Erst nachdem im 16. Jahrhundert der Seeweg um das Kap der Guten Hoffnung und um Südasien zur festen Route europäischer Seefahrer geworden war, verlor sie an Bedeutung als ein die Kontinente verbindender Handelsweg. Zu Marco Polos Zeit wurde der Seeweg als Alternative zur Landroute schon von vielen arabischen und indischen Schiffen genutzt; die drei Reisenden hatten in Hormos die Wahl zwischen beiden Möglichkeiten und entschieden sich für den Landweg. Als die europäischen Seemächte bei der Entwicklung weit reichender Handelsbeziehungen die Vorzüge der Seewegs gegenüber den aufwendigeren, langsameren und oft sehr unsicheren Landunternehmungen erkannt hatten und nutzten, sanken die Karawanenwege zu lokaler Bedeutung herab. Oasen versandeten, die chinesischen Grenzforts im äußersten Westen des Reichs der Mitte wurden aufgegeben und verfielen. Spanien, das sich seit Kolumbus um einen westlichen Seeweg nach Fernost

Christoph Kolumbus.
Anonymer italienischer
Künstler, 16. Jahrhundert

**49**

FERDINAN:MAGAGLIANES

Fernando
Magellan.
Zeit-
genössisches
Bildnis

Der portugiesische Seefahrer Fernando Magellan (um 1480–1521) wurde vor allem durch die 1519–1522 unter seinem Befehl in spanischem Auftrag unternommene erste Umsegelung der Erde bekannt. Alleiniges Ziel dieser Reise waren zunächst die «Gewürz-Inseln» (Molukken). Magellan wollte, um dem feindlichen portugiesischen Zugriff auszuweichen, die Molukken nicht über den langen Weg um das Kap der Guten Hoffnung erreichen, sondern auf westlichen Kursen. Wie Kolumbus ging er von unrichtigen Entfernungsvorstellungen aus. Das kontinentale Hindernis Amerika gab erst weit im Süden, zwischen Patagonien und Feuerland, eine Durchfahrt frei: die heute nach Magellan benannte Wasserstraße. Das Ende der von ihm angeregten entdeckerischen Großtat hat Magellan nicht erlebt: Er fand auf der Philippineninsel Mactan im Gefecht mit Eingeborenen, die er zum Christentum zu bekehren suchte, den Tod. Trotz aller drohenden Gefahren entschloss sich die restliche Mannschaft, die Heimfahrt unter Beibehaltung der westlichen Fahrtrichtung anzutreten. Erst so wurde die Reise zur Weltumsegelung.

bemühte und 1519 Fernando Magellan nach den Gewürzinseln aussandte, stützte sich weitgehend auf Marco Polos Bericht als zuverlässige Quelle zur Geographie Süd- und Ostasiens.

In Konkurrenz zu Spaniens Bemühungen suchte Portugal um Afrika und das Kap der Guten Hoffnung herum in die Länder zu gelangen, die für fabelhaft reich galten. Nur zwei Jahrzehnte waren seit Vasco da Gamas erster Indienreise von 1497 / 99 vergangen, da landeten portugiesische Schiffe in China und kurz darauf auch in Japan; ihnen folgten niederländische, französische und britische Indienfahrer, die ihren Weg nach Fernost fanden. Sie alle kannten Marco Polos Bericht. Doch galt ihr Interesse vor allem den Schilderungen der Länder Ostasiens, ihrer Produkte und Reichtümer, nicht mehr den Angaben zum Landweg nach Osten. Ehe sich der später heilig gesprochene Jesuitenpater Francisco Javier, der bereits Japan kennen gelernt hatte, 1552 von seiner Missionsbasis im indischen Goa aus nach China einschiffte, schrieb er seinem «Vater in Christo, dem Pater Ignatius [von Loyola]»: «[...] Alle

Francisco Javier (1506 – 1552), der wohl bedeutendste christliche Missionar der Neuzeit. Gemälde eines unbekannten Künstlers, Öl auf Holz, 17. Jahrhundert

Welt versichert mir, daß man China auch zu Land, und zwar von Jerusalem aus, erreichen könne; sobald ich mich überzeugt haben werde, daß diese Angabe den Tatsachen entspricht, werde ich Sie wissen lassen, wieviel Meilen die beiden Länder voneinander trennen und wieviel Monate die Reise dauern würde.»[30] Erst am Ende einer zweiten Welle jesuitischer China-Mission sollte im 17. Jahrhundert die Bedeutung der Landverbindung ins Reich der Mitte wieder entdeckt werden. Dem Linzer Pater Johann Grueber gelang 1661–64 der Rückweg nach Rom über Tibet, Nepal, Agra, Südpersien und Bagdad.

Auf dem Pazifik stießen im 16. Jahrhundert Entdeckerschiffe schon bald über den Rand der Marco Polo bekannten Welt vor. Als 1526 bei einer solchen Erkundungsfahrt an Bord eines spanischen Seglers ein Besatzungsmitglied starb und sein Besitz wie üblich versteigert wurde, erbrachte «ein Buch des Marco Paulo [zunächst geschrieben: Pablo] anderthalb Dukaten»[31].

Die Suche nach dem Seeweg um Afrika herum nach Indien hatte zwar in Portugals Infanten Heinrich («der Seefahrer») im frühen 15. Jahrhundert ihren aktivsten und hartnäckigsten Förderer, begonnen aber hat sie schon zu Lebzeiten Polos. Im Jahr 1291 – Marco, Nicolao und Maffeo Polo waren noch in China – stachen von Genua aus die Brüder Vadino und Ugolino Vivaldi zur Umschiffung Afrikas in See. Südlich der Breite des Atlasgebirges sind diese kühnen Seefahrer verschollen. Offenbar waren ihnen die Fahrten der Phöniker bekannt, die im Altertum bis Westafrika vorgestoßen waren.

Heinrich der Seefahrer (1394–1460) organisierte, ohne selbst daran teilzunehmen, die für die Weitung des europäischen Weltbildes entscheidenden ersten Seeunternehmungen. Mit der von ihm angeregten Erkundung der westafrikanischen Küste begann die Suche nach dem östlichen Seeweg nach Indien, die 1498 mit der Fahrt des Vasco da Gama um das Kap der Guten Hoffnung bis nach Kalikut und Goa ihren erfolgreichen Abschluss fand.

Die drei Polos bogen bei Lanzhou von der *Südostroute nach Catai* (107), also nach Nordchina, in nördliche Richtung ab. Zunächst folgten sie dem Flusslauf des Hwangho. Wo dieser bei Yinchuan den Lauf der Chinesischen Mauer schneidet, müssen die Reisenden dieses Bauwerk gesehen haben. Der Umstand, dass es in Polos Bericht nicht erwähnt wird, erhitzt seit Jahrhunderten die Gemüter. Schon 1667 schreibt der deutsche Jesuitenpater Athanasius Kircher in seinem weit verbreiteten China-Buch: «Es wundert mich, daß Marco Polo die Große Mauer nicht erwähnt, muß er sie doch gekreuzt haben.»[32] Der Gelehrte erwägt, um den Verdacht der Unglaubwürdigkeit gegen Polo gar nicht erst aufkommen zu lassen, komplizierte Reisewege des Venezianers von See her. Berechtigt ist der Hinweis von Frances Wood auf die Frage, «wie die Große Mauer im 13. Jahrhundert aussah und welche Teile von ihr damals bereits vorhanden waren» (Wo 135). Immerhin fehle «aus der Zeit vor Polos Eintreffen in chinesischen Quellen jahrhundertelang ein Hinweis auf Maßnahmen zum Mauerbau oder zur Mauererhaltung» (Wo 140).

Hat Marco Polo etwa die Chinesische Mauer einfach «übersehen» – so wie er chinesische Schriftzeichen und chinesischen Tee und die absichtlich verkrüppelten Füße der Chinesinnen unerwähnt lässt –, weil er im Dienst des Mongolenkhans stand und durch Weglassen möglichst vieler Aspekte

Die Phöniker waren ein im östlichsten Mittelmeer beheimatetes Seefahrervolk. Die Zedern des Libanongebirges dienten ihnen zum Bau wendiger Schiffe, mit denen sie vor 3000 Jahren den gesamten Mittelmeerhandel beherrschten. Zu den Ausgangspunkten ihrer Fahrten gehörte neben Städten wie Tyros, Sidon und Byblos auch Akko, später ein wichtiger Etappenort Marco Polos. Der ägyptischen, griechischen und römischen Konkurrenz erwehrten sich die Phöniker durch Geheimhaltung ihres Wissens von Winden und Strömungen, Landmarken und Riffen an ihren Seerouten. Auch scheinen phönikische Händler schon früh Sagen von Seeungeheuern und anderen Monstern in Umlauf gesetzt zu haben, um Konkurrenten abzuschrecken.
Was wir über die Handelswege der Phöniker wissen, stammt vorwiegend von antiken Zwischenträgern wie Herodot, der von einer Umsegelung Afrikas durch phönikische Schiffe im Auftrag des ägyptischen Königs Nekos berichtet (vermutlich gegen 600 v. Chr.).

der chinesischen Kultur seine Loyalität allem Mongolischen gegenüber betonen wollte? So einfach ist die Sache nicht, denn er ist beim «Weglassen» höchst unsystematisch und inkonsequent vorgegangen. Das Problem scheint sich eher als Frage an uns, Marco Polos heutige Leser, zu stellen: Können wir erwarten, dass alles, was wir selbst mit dem Begriff «China» verbinden – auch wenn es sich um so entscheidende Dinge wie den Tee und die Mauer handelt –, unbedingt zu Polos China-Bild gehören musste? Die Antwort ist: Nein. Polo hat seinen Zeitgenossen so viel Staunenswertes über das Reich der Mitte erzählt, dass der von seinem Buch ausgehende Zuwachs an Wissen über Weltgegenden, die Europa bislang unbekannt gewesen waren, seit dem Zeitalter der großen geographischen Entdeckungen mit dem Informationsschub verglichen wurde, der von den Berichten des Kolumbus ausging.[33] Wer aber würde heute auf die Idee verfallen, dessen Schriften als lückenlosen Reiseführer für Amerika anzusehen?

Marco, Vater Nicolao und Onkel Maffeo Polo erreichten 1275 die Sommerresidenz Kublai Khans in den Bergen der Inneren Mongolei: Shangdu. *Ich bezeuge wahrheitsgetreu, die Ankunft der Venezianer war ein Freudenfest für den Großkhan und seine Hofgesellschaft. Alle erwiesen ihnen Ehre und boten ihre Dienste an.* (20) Das genaue Ankunftsdatum zu bestimmen ist schwierig. Zählt Polo, wenn er *beschwerliche dreieinhalb Jahre* (18) für die Reise

**Spuren der Yüan-Dynastie in Shangdu.**
Im heutigen Bezirk Zhenglan der Autonomen Region Innere Mongolei liegt die Stadt Shangdu. Sie geht auf eine Gründung Kublai Khans bei Übernahme des Titels «Großkhan» zurück. Hier hat er Marco Polo als Gast begrüßt. Sobald Beijing Hauptstadt wurde, fiel Shangdu die Rolle der Zweitresidenz und Sommerfrische für den Monarchen und dessen Gefolge zu. Der Name Shangdu (Obere Hauptstadt) rührt von seiner Lage oberhalb von Beijing her. Die Altstadtanlage ist quadratisch, mit einer Kantenlänge von 2200 m. […] in Marco Polos Zeit war Shangdu äußerst prachtvoll. Leider wurde die Altstadt während der Bauernerhebung am Ende der Yüan-Dynastie zerstört. Doch blieben die Stadtmauer und die Fundamente der Gebäude als Erinnerung an den Glanz des früheren Shangdu erhalten.
Beijing Review, August 1994

veranschlagt, ab Venedig oder doch erst ab Akko? Nimmt man Letzteres an, so ergibt sich für die Ankunft das Frühjahr 1275, und zwar der Juni. Von Polo erfahren wir: *Drei Monate im Jahr hält sich der Großkhan hier [in Shangdu] auf, im Juni, Juli und August. Das Wetter ist dann nicht heiß, und es behagt ihm sehr.* (114)

Andererseits wissen wir aus «Regierungsannalen [...], daß Qubilai zuweilen fast die Hälfte des Jahres in seiner geliebten Sommerresidenz verbrachte»[34]. Polos Ankunft in Shangdu muss also nicht unbedingt im Juni gelegen haben.

Wie jedes Jahr ließ Ende August der Großkhan *die Milch der weißen Stuten in die Luft und auf die Felder sprengen* (115). Er befolgte damit die «mongolische Überlieferung [...] [beim] Aussondern der Fohlen»[35]. Nach dem Trankopfer zog der Khan mit dem Hofstaat ins Winterquartier Canbaluc[36].

# Am Hof des Großkhans

Zu Recht gelten die Reiseeindrücke aus China als Kernstück von Marco Polos Bericht. Er hat 17 Jahre im Reich der Mitte zugebracht, ein Viertel seiner gesamten Lebenszeit. Polo hielt sich zu einer für die chinesische Geschichte bedeutsamen Zeit dort auf. Er wurde Zeuge der Vollendung von Chinas Einigung unter der mongolischen Herrschaft: Als die Polos Nordchina erreichten, war die Eroberung des noch von der Sung-Dynastie beherrschten Südens zwar in wesentlichen Zügen vollzogen, doch wurde sie erst 1276–79 abgeschlossen. An einer Stelle, bei der Entscheidung im Kampf um das belagerte Xiangyang, beansprucht Polo gar, aktiv eines der letzten Kapitel der militärischen Unterwerfung des Südens mitgestaltet zu haben. *Drei Jahre dauerte die Belagerung schon, und die Truppen des Großkhans wurden ungeduldig und unzufrieden. Da sagten Messer Nicolao, Messer Maffeo und Messer Marco: «Wir werden euch Mittel und Wege finden, die Übergabe zu erreichen.»* (235) Sie *hatten einen Deutschen und einen Nestorianer bei sich; diese zwei waren Meister im Wurfmaschinenbau.* (236) Die Stadt fiel *wegen der Katapulte, die die Venezianer haben herstellen lassen. Jetzt aber genug davon [...].* (237) Chinesische Quellen geben als Datum der Einnahme von Xiangyang allerdings das Jahr 1273 an; zu dieser Zeit waren die drei Polos noch nach China unterwegs.

Marco Polo nennt Südchina *Provinz Mangi* (226) im Gegensatz zu Catai (Nordchina); das Mangi vorgelagerte Meer wird *das Meer Cin* genannt. (K 245) Näher kommt sein Text unserem «China» an keiner Stelle; im russischen Wort «Kitaj» klingt (wie in anderen slawischen Sprachen) das alte «Catai» noch an, wenn auch jetzt als Bezeichnung für ganz China.[37]

Das Europa der Antike wusste von China wenig mehr, als dass es das Ursprungsland der Seide (Seres) war. Der Name des Gewebes stand auch für das Land und dessen Bewohner. Um die Mitte des 13. Jahrhunderts weckte der Mongolensturm das

Interesse abendländischer Politik an den Ländern, aus denen die Reiterscharen heranfluteten.

Um zu prüfen, ob die Mongolen durch die Taufe oder andere Formen der Unterwerfung als Verbündete gegen die das Heilige Land bedrohenden Mohammedaner zu gewinnen seien, schickte 1245 Papst Innozenz IV. – parallel zu Kreuzzugsvorbereitungen gegen die Mongolenreiche – drei Gesandtschaften auf den Weg nach Osten. Am bekanntesten ist die unter Leitung des Franziskaners Giovanni stehende Abordnung; nach seinem Heimatort wird der Mönch meist Carpini genannt. Carpini erreichte 1246 Karakorum, das alte Lager Dschingis Khans, das von dessen Nachfolgern befestigt und erst von Kublai Khan im Zusammenhang mit der Verlagerung seines Reiches nach China zugunsten der Residenzen in Shangdu und Peking als Hauptstadt aufgegeben wurde. In Marco Polos mutmaßlichem Geburtsjahr 1254 kam am Palmsonntag als Abgesandter des französischen Königs Ludwig IX. (mit ganz ähnlichem Auftrag wie Carpini) ein weiterer Franziskaner in die Residenz der mongolischen Großkhane: Wilhelm von Rubruk. Es ist anzunehmen, dass auch die Gebrüder Nicolao und Maffeo Polo bei ihrer ersten Reise Kublai Khan an seinem Hof in Karakorum aufgesucht haben.

Rubruk schreibt in seinem Bericht für Ludwig den Heiligen, Karakorum sei «nicht so schön wie die Stadt St. Denis»[38]. Doch das ist ein schwacher Trost, muss er doch gleichzeitig das Scheitern seiner Mission eingestehen. Zornig äußert er sich über Khan Möngkes Interpretation für den Grund seines Kommens: «Sie haben ein solches Maß an Selbstherrlichkeit erreicht, dass sie glauben, die ganze Welt sehne sich danach, Frieden mit ihnen zu schließen. Ginge es nach mir, so würde ich Krieg gegen sie predigen.»[39] Rubruk bekam bei seiner Abreise einen Brief an seinen König ausgehändigt, in dem kein Zweifel darüber gelassen wird, wer hier Forderungen zu stellen habe. «Wenn Du es hörst und glaubst und falls Du gewillt bist, uns zu gehorchen, solltest Du uns Deine Gesandten schicken: auf diese Weise werden wir sicher sein, ob du mit uns in Frieden leben willst oder im Krieg.»[40] Mit anderen Worten: «Dem Empfänger wurde mitgeteilt, sein Herrschaftsbereich sei Teil des mongolischen Weltreiches.»[41]

Rubruk traf an Möngkes Hof nicht nur Europäer (als Gefangene wie Freie), sondern auch nicht aus Europa stammende Christen unterschiedlicher Konfession, Armenier, Nestorianer u. a. Seine Erläuterung des Buddhismus ist «der früheste Bericht über diesen Glauben, der von einem Europäer aufgezeichnet wurde»[42]. Über China hat er jedoch herzlich wenig mitzuteilen. Es bestehe aus mehreren Provinzen, deren Mehrzahl noch nicht den Mongolen untertan sei; man könne auf dem Seeweg von dort nach Indien gelangen; und die Chinesen seien «ausgezeichnete Handwerker, ganz gleich in welchem Fach, auch sind ihre Ärzte sehr erfahren in der Anwendung von Kräutern»[43].

Diesen dürftigen Nachrichten gegenüber ist der Bericht Marco Polos eine wahre Datenbank. Gekannt hat er weder Carpinis noch Rubruks Schriften. Auch durfte er beim Durchschnittsleser seiner Zeit keinerlei Wissen über China voraussetzen. Insofern fängt sein Buch praktisch bei null an, und es kann ohne Übertreibung gesagt werden: Marco Polo hat China für Europa entdeckt.

Über die Jahrhunderte hat gerade die Widersprüchlichkeit von Polos Bericht das öffentliche Interesse wach gehalten. Darauf verwies schon Sir Henry Yule: «[...] es könnte vielleicht bezweifelt werden, ob es eine solch kontinuierliche Faszination auf so viele aufeinander folgende Generationen ausgeübt hätte, wäre es nicht um der vielen schwierigen Fragen wegen, die es aufwirft.» (Y 1)

Man könnte fragen, ob Marco Polo tatsächlich zu den Entdeckern gezählt werden kann, hat er doch nur Wege beschritten und Länder besucht, die seit der Antike auch anderen europäischen Reisenden bekannt geworden sind. Aber Marco Polo war der bedeutendste von all denen, die ihm in Asien vorangingen, etwa gleichzeitig mit ihm dort waren oder ihm folgten. [...] Sie alle hatten die größten Strapazen auf sich genommen, um zu ihrem Ziele zu gelangen. Die meisten von ihnen sind unbekannt geblieben, verschollen und in der Fremde gestorben. Kehrten sie aber in die Heimat zurück, so kündete kein Werk von ihren Taten.

Walter Krämer: Wunder der Welt.
Leipzig 1971, S. 206

Die Ankunft der Hofgesellschaft in Peking und die Aufnahme der Polos in die Schar von Kublais Trabanten ist der wichtigste Augenblick des Umbruchs in Marcos Leben. Die Schilderung ihrer ersten Audienz beim Großkhan lässt dies erahnen. Kublai empfing *die Briefe und Geschenke von Papst Gregor [...]. Er ließ sich von den beiden älteren Polos berichten und lobte [...] die Treue, den Eifer und Fleiß seiner Gesandten. Mit gebührender Ehrfurcht nahm er das Öl vom Heiligen Grab in Empfang und ordnete an, es mit frommer Sorgfalt aufzubewahren. Er bemerkte den jungen Marco Polo und fragte, wer er sei.* (K 16)

Damit ist die entscheidende Frage gestellt. Kublai sagt nicht: Warum wagt ihr ohne *hundert christliche Gelehrte* (13) wiederzukommen, die herzubringen ich euch vor neun Jahren beauftragt habe? Vielmehr sieht er den *Jüngling* – Marco ist inzwischen 21 Jahre alt – und fragt, wer der sei. *«Mein Herr»*, antwortet *Messer Nicolao, «es ist Marco, mein Sohn und euer Diener.»* – *«Er sei willkommen», sagt der Großkhan. Ich will nicht in die Breite gehen.* (19 f.) Andere Textvarianten sind bei der Beschreibung des Vorgangs der huldvollen Aufnahme Marcos, des mitreisenden Sohnes, der zunächst als Randfigur am Empfang von Vater und Onkel durch den Großkhan teilnimmt, durchaus weitschweifiger: *Da geruhte der Großkhan, Marco unter seinen besonderen Schutz zu nehmen, und ernannte ihn zu einem seiner Ehrenbegleiter.* (K 16 f.) In diesem Augenblick wird Marco zur zentralen Figur seines Buches.

Die Hofhaltung, die Jagden und Feste *des mächtigsten Herrn aller Herren* (128) sowie seine *großen Taten* (126) werden nicht nur ausführlich beschrieben, sondern von Polo mit unverhohlener Begeisterung kommentiert. Selbst das Liebesleben bei Hofe kommt dabei nicht zu kurz. *Vier Gattinnen hat er, er nennt alle vier seine Hauptfrauen; der älteste Sohn dieser vier wird nach seinem Tode der rechtmäßige Nachfolger. [...] Jede Kaiserin ist umgeben von dreihundert reizenden, hübschen Jungfrauen. [...] Der Hof einer Khansgattin zählt zehntausend Personen. Sooft der Khan bei einer der vier Frauen liegen will, läßt er sie in seine Kammer rufen; manchmal auch begibt er sich selbst ins Frauengemach. Der Khan hat aber noch viele Geliebte.* (128) Durch Polo, von dessen Äußerem

«Ein kaiserliches Festgelage»: Die aufwendige Hofhaltung von Kublai Khan beeindruckte Marco Polo tief.

weder ein authentisches Porträt noch zeitgenössische Beschreibungen Zeugnis ablegen, wissen wir genau, wie sein kaiserlicher Gönner aussah: *Er ist nicht zu groß, nicht zu klein, sondern von mittlerer Statur. Er ist ein kräftiger Mann mit wohlgeformten Gliedmaßen. Seine Gesichtshaut ist rosigweiß, die Augen leuchten dunkel, fein ist die Nase profiliert.* Mit anderen Worten: *eine edle Gestalt* (128).

Marco Polos schrankenlose Euphorie, wenn es um die Person des Großkhans geht, ist den Elogen zeitgenössischer chinesischer Hofdichter vergleichbar. Sie bezieht auch Dinge ein wie die Struktur und Effektivität der Verwaltung und die Großzügigkeit von Kublais Palastanlagen.

Überschwänglich lobt er die Weisheit des Khans bei der Organisation des Verkehrswesens im Allgemeinen und der Häuser zum Wechseln der Pferde überall in seinem weiten Reich im Besonderen: *Soviel Macht und Größe hat noch nie ein Kaiser oder König oder Landbesitzer zeigen können. Denn dies ist die Wahrheit: mehr als zweihunderttausend Pferde werden auf den Stationen gehalten, stets einsatzbereit für die Durchreisenden. Wohl eingerichtete und reich ausgestattete Häuser gibt es mehr als zehntau-*

Die Hauptfrauen des Kublai Khan. «Merkt euch wohl: die vier Frauen haben dem Khan zweiundzwanzig Söhne geboren.»

Kublai Khan, «der mächtigste Herr aller Herren». Anonyme Tuschzeichnung, 13. Jahrhundert

*send. Alles ist prächtig und wertvoll, man findet kaum passende Worte, darüber zu reden oder zu schreiben.* (159)

Und dann erst Canbaluc! Die Hauptstadt und glanzvolle Residenz ist *großartig und mit keiner anderen Stadt zu vergleichen* (153). Die Stadt hat *unvorstellbar viele Menschen und Häuser, es ist unmöglich, sie zu zählen*; und macht er sich – etwa im Fall der Anzahl der Freudenmädchen, von denen es zunächst heißt, es seien *unglaublich viele* – dann doch ans Zählen oder besser ans Schätzen, so kommt Polo auf *zwanzigtausend* (152). Dieses Jonglieren mit imponierend großen Zahlen führte dazu, dass Polos skeptische Landsleute dem Venezianer nach seiner Heimkehr «den Spitznamen Messer Marco Milione gaben»[44]. Es ist mit der Geschichte vom Ursprung dieses Beinamens jedoch nicht anders als mit manch anderer Polo-Anekdote: Sie blieb

nicht unwidersprochen. «Vielleicht ist das Wort ein Familien-
zuname, der aus Emilione zu Milione geworden ist»[45], sum-
miert eine moderne Ausgabe, die «Il Milione» als Titel benutzt,
die Einwände. Dem mag gewesen sein, wie es will, das Haus der
Familie Polo in Venedig jedenfalls war über viele Jahrhunderte
als Corte del Milione bekannt.[46]

Zu den wunderlichsten Dingen, die Polo aus Kublais Reich zu
berichten weiß, gehört das Papiergeld. «Gemünztes Kupfer-
geld wie auch Edelmetalle als staatlich anerkanntes Zahlungsmittel haben zur Yüan-Zeit eine sekundäre und vorübergehen-
de Rolle gespielt.»[47] Polo stammte aus einer Welt ungeschmä-
lerten Glaubens an den alleinigen Wert des Goldes. Er musste
die Geldfabrikation für eine Art Goldmacherei halten und
stellt bei der Beschreibung der kaiserlichen Münzstätte fest:
*Wenn man sieht, wie sie eingerichtet ist, könnte man sagen, der Kai-
ser kenne die letzten Geheimnisse der Alchimie.* (154) Die Herstel-
lung des benötigten Papiers aus dem Bast zwischen Rinde und
Holz der Maulbeerbäume, der Wert der einzelnen Scheine und
die für das Zirkulieren des Papiergelds festgelegten Regeln –
alles weckt sein Interesse. *Alle Geldscheine werden mit dem Sie-
gel des Großkhans versehen. Er läßt davon eine solche Menge herstellen, daß man alle Schätze der Welt kaufen könnte.* (154) *Nun ver-
steht ihr, warum in keinem Schatzhaus der Welt solch ein Reichtum
anwachsen kann wie im Tatarenreich. Ich übertreibe nicht, wenn
ich behaupte, alle Mächtigen unseres Jahrhunderts besitzen nicht so
viel wie der Khan allein.* (156) Mit derlei enthusiastischen
Schlussfolgerungen stellt er sich allerdings kein gutes Zeugnis
als Kenner der Ökonomie des Yüan-Reiches aus; zeitgenössische chinesische Quellen erwähnen durchaus die «Nachteile
des Papiergeldes»[48], zumal nach Einbindung der jüngst eroberten Süd-Provinzen in die Wirtschaft des Reiches.

Der Katalog der Dinge, die Polo verwundert erwähnt, ist
breit gefächert. Er umfasst die Verwendung von Spucknäpfen
während der Audienz beim Großkhan – *denn niemand wagt, in
der Empfangshalle auf den Boden zu spucken* (Y I, 458) – und *Steine, die wie Holzscheite brennen –, [...] länger als ein Holzfeuer [...]*

Das Währungssystem des Großkhans. Lange vor den Europäern lässt Kublai Khan Banknoten herstellen, die in seinem Reich das einzige Zahlungsmittel darstellen; Gold und Silber haben als Bargeld keinen Wert.

*und während der ganzen Nacht nicht erlöschen* (163). Die Benutzung von Steinkohle als Energiequelle war in Europa damals noch nicht üblich. Ob allerdings die italienischen Spaghetti auf Polo als Kulturbringer zurückzuführen sind, muss bezweifelt werden. Eher scheint arabischer Einfluss sowohl für chinesische Nudeln als auch für italienische Pasta verantwortlich zu sein (Wo 109).

Das Staunen des Venezianers sollte bald neue Höhepunkte erreichen. Er war zum *äußersten Ende des Festlands* (K 10) aufgebrochen und fand sich, als er dort ankam, nicht etwa an einer Peripherie, sondern im lebenssprühenden Reich der Mitte. *Der Großkhan erkannte seine Begabung und schätzte seine Fähigkeiten. Voll Vertrauen in seine Klugheit, schickt der Großkhan Marco als Gesandten in eine sechs Reisemonate entfernte Provinz. Geschickt und umsichtig entledigt sich der junge Mann seiner Aufgabe.* (20)

# Reisen in Catai und Mangi

Marco Polo befand sich in den 17 Jahren, die er zu Kublais Hofstaat gehörte, *meistens auf Gesandtschaftsreisen* (21). Zu Land wie zu Wasser hat er zahlreiche Provinzen des Reichs und mehrere dem Großkhan tributpflichtige Länder Südostasiens besucht. Er unternahm diese Reisen teilweise in Begleitung von Nicolao und Maffeo Polo, nicht mehr jedoch – wie die Hinreise nach China – als deren stummer Mitreisender und Adjunkt. Die erste Reise im Auftrag des Großkhans führte, wie bereits erwähnt, nach Lanzhou an der Seidenstraße. Zwar heißt es lakonisch dazu: *Wesentliches ist über ihren Aufenthalt nicht zu melden* (88), doch muss Marcos Bericht Kublai gefallen haben. Wir erfahren, *daß dem Herrscher die Mission wohl wichtig war, ihm aber Nachrichten über Zustände, Ereignisse und Lebensgewohnheiten in den bereisten Gebieten noch wichtiger waren. Marco kannte die Wißbegierde des Großkhans; daher prägte er sich auf seiner Botschaftstour jede Neuigkeit und jede Besonderheit gut ein, um ihm nachher ausführlich darüber referieren zu können. […] Er erzählt derart anschaulich über alles, was er gesehen und erlebt hat auf seiner Reise, daß der Großkhan und alle Zuhörer erstaunt zueinander sagen:* «Wenn dieser gewandte Jüngling ein hohes Alter erreicht, wird er ein außergewöhnlich tüchtiger und weiser Mann sein.» *Was soll ich dazu noch sagen? Nach dieser seiner ersten Mission wurde der Jüngling Messer Marco Polo genannt, und so heißt er fortan in diesem Buch. Und das ist richtig, denn er war klug und gesittet.* (20f.) Es heißt, *er konnte vier Sprachen lesen und schreiben* (20). Polos Lernfähigkeit und Gewandtheit – nicht nur beim Beherrschen von Sprachen – unterstreichen andere Textvarianten noch ausdrücklicher: *[…] Marco, der Sohn von Messer Nicolao, lernte wunderbar schnell die Sitten der Tataren sowie ihre Sprache, ihre Art zu schreiben und ihre Kriegsbräuche; in der Tat konnte er bald mehrere Sprachen und beherrschte vier verschiedene Schriftarten.* (Y II, 27) Damit dürfte er sich in Kublais Reich gut zu orientieren vermocht ha-

«Flusslandschaft».
Seidenrolle von T'ang Ti, aus der Yüan-Zeit

ben: «Des Großkhans Befehle sollen gewöhnlich in sechs Sprachen veröffentlicht worden sein, nämlich Mongolisch, Uigu-
risch, Arabisch, Persisch, [das in Nord-Tibet gesprochene] Tan-
gutisch und Chinesisch.» (Y I, 29)

Der Erfolg dieser ersten Gesandtschaftsreise hat Kublais
besonderes Wohlwollen gegenüber Marco auf immer gefestigt.
Schenkt man den auf uns gekommenen Darstellungen Glau-

Asiatische
Krieger.
Persische
Miniatur,
Ende des
13. Jahr-
hunderts

ben, so soll Marco Polo als Höhepunkt seiner Tätigkeit für den
Großkhan sogar *drei Jahre lang Gouverneur* (234) der kaiserlichen Präfektur Yangzhou[49] im eben eroberten Süden gewesen zu sein. Doch erweist sich dieser – von keinem chinesischen Dokument der Zeit bestätigte – Anspruch leicht als
Kopistenfehler: Aus «sejourna» («sich aufhalten») könnte
«seigneura» bzw. «governa» («herrschen» bzw. «regieren»)
geworden sein.[50] Andererseits gibt es chinesische Stimmen, die
als möglichen Grund für das Fehlen einer Erwähnung von
Polos Aufenthalt in den Annalen der Reichsgeschichte gewich-
tige Argumente anführen: Nach Ende der Dynastie, der Polo
diente, habe die Geschichtsschreibung «der Ming-Dynastie
aus nationalem Hass in ihren Büchern und örtlichen Doku-
menten viele historische Materialien sowie lokale kulturelle
Erinnerungsstücke, die die Geschichte der Yüan-Dynastie betrafen, entfernt»[51]. Marco Polos Beschreibung der Stadt Yangzhou, heißt es an anderer Stelle, «stimmt, der Quellentextfor-
schung zufolge, mit der Geschichte von Yangzhou während der
Yüan-Dynastie überein. Solch lebendige Schilderungen können nur als Ergebnis persönlicher Erfahrung entstehen. Sein

Aufenthalt in Yangzhou ist über jeden Zweifel erhaben.»[52] Das klingt überzeugend, doch fällt Polos «lebendige Schilderung» der Stadt – zumal im Gegensatz zu der anderer Orte, an denen er weit kürzere Zeit verbrachte – eigentlich etwas karg aus. Er nennt Yangzhou *eine wichtige Kapitale, unter ihrer Oberhoheit stehen siebenundzwanzig bedeutende Handelsplätze.* (233) Mehr erfahren wir nicht.

*Viele Straßen führen nach Canbaluc. Von Canbaluc aus führen viele Straßen nach den verschiedenen Provinzen [...].* (158) Auch der Teil des Buches, der von Polos Reisen in China handelt, ist in keinem Abschnitt als Wiedergabe eines tatsächlichen Reiseverlaufs zu lesen, obwohl Angaben über Entfernungen zwischen besuchten Orten dies nahe zu legen scheinen. Die skeptischsten Analysen des Textes bestreiten allein aus diesem Grund seine Authentizität: «Die Abwesenheit der Polos in der Erzählhandlung, außer im Prolog und an den wenigen oben zitierten Stellen, verleiht dem Text einen unpersönlichen Charakter, der sehr stark an den Tonfall eines Handbuchs erinnert. Es werden Orte beschrieben, aber nicht in der logischen Abfolge eines Reiseberichts, sondern in grober geographischer Zusammenstellung. [...] auch wenn man in dem Buch keinen in sich logischen Reisebericht zu sehen vermag, spricht aus ihm doch eher der Blick des Kaufmanns als der eines inspirierten Schriftstellers.» Die Autorin der herben Kritik, Frances Wood, fragt resümierend, woher Marco Polo seine Informationen habe, wenn er nicht selbst in China gewesen sei (und nicht in Indien und auf den Inseln Südostasiens). Um eine Antwort ist sie nicht verlegen: «Zwar spielte Verschwiegenheit im Handel eine wichtige Rolle, wenn es darum ging, Bezugsquellen zu schützen, doch es ist durchaus denkbar, daß eine Kaufmannsfamilie mit Niederlassungen auf der Krim und in Konstantinopel Unterlagen über andere Länder sammelte, wie etwa persische Reiseführer, Karten und Chroniken, um das Reisen und den Handel zu erleichtern.» (Wo 55–57) Die mehrfach beschworenen «persischen Reiseführer», von denen Marco Polo (oder Rustichello?) abgeschrieben haben soll, kann allerdings auch Frances Wood nicht vorweisen.

Marco Polos China-Bericht macht fast ein Viertel des gesamten Buchumfangs aus. Die beschriebenen Orte und Landstriche lassen sich im Wesentlichen zwei geographischen Richtungen zuteilen: einmal von Peking aus nach Südwesten – bis Sichuan und Tibet –, zum anderen an der Küste entlang nach Süden. Es schließen sich Besuche in Ländern an, die dem Großkhan auf die eine oder andere Weise tributpflichtig sind; Polo nennt sie für europäische Leser meist Königreiche oder Provinzen – von Burma (*Mien*) und Bengalen (*Bangala [...] im Süden, an der indischen Grenze*) bis *Aniu* (Annam am Golf von Tonking; heute das nördliche Vietnam) und darüber hinaus. (206 ff.) Im Fall des Besuches in *Cianba*, im heutigen Mittel- und Südvietnam, gibt uns das Buch gar einen der höchst seltenen chronologischen Bezüge: *Ich, Marco Polo, war im Jahre 1285 in diesem Lande*[53]; es gebe, sagt er, dort *außerordentlich viele Elefanten. Der Aloebaum gedeiht sehr gut. In ausgedehnten Hainen wird reichlich Ebenholz gewonnen [...].* (289)

Die Reisen an die Peripherie des vom Mongolenkhan beherrschten chinesischen Reichs stehen schon am Übergang zur Beschreibung der Seereise heimwärts, um Südostasien und Indien herum. Doch Marco Polo hat sie, wie seine Reisen in China selbst, alle von Peking aus angetreten. Er kam nach Abschluss jeder der Gesandtschaften an den Hof zurück und erstattete dem Großkhan Bericht. *Messer Marcos Betragen gefiel dem Großkhan sehr, er ehrte und begünstigte ihn [...]. Diese Sonderstellung am Hofe ist der Grund, warum Messer Marco über jenes Land mehr weiß als irgend jemand: er nützte die Gelegenheit, die fremden Gebiete besser auszukundschaften als jeder Sterbliche vor ihm. Wie kaum jemand war er darauf bedacht, seine Kenntnisse zu vermehren.* (22)

Tibet, eine *riesige Provinz [...], in welcher eine besondere Sprache gesprochen wird und deren Einwohner Heiden sind* (184), hat Marco Polo wohl nicht selbst besucht. Ja, es ist nicht einmal klar, «ob Tibet je von den Mongolen erobert wurde, in dem Sinn, wie sie China erobert haben»[54]. Polo gibt offenbar die bei Kublai selbst und in Hofkreisen gängige negative Meinung über Tibet und die Tibeter wieder, wenn er sagt: *Mancher Schurke lebt dort.* (184)

Bei den Beschreibungen anderer Gegenden in Catai und Mangi herrscht eher der seit Polos Eintreffen bei Hofe übliche Ton der Bewunderung vor. Von Sian, dem Ausgangspunkt der Seidenstraße, sagt Polo: *[...] man freut sich an schönen Gärten und saftigen Wiesen. Die Gegend ist voller Maulbeerbäume.* (175) Von einem See in Yunnan beteuert er: *Nirgends auf der Welt findet man mehr und bessere Fische, auch nicht größere und verschiedenartigere.* (191) Oft entpuppt sich Polos Begeisterung an chinesischen Verhältnissen als Kritik an dem, was er zwischen seiner Rückkehr nach Hause und der Niederschrift des Buchs erlebt haben mag: sei es beim uneingeschränkten Lob für die Tugendhaftigkeit der *Mädchen in Catai* (218) oder beim Bericht über Hilfe des Großkhans *bei Mißernten und Viehseuchen [...], wegen schlechten Wetters, wegen Heuschreckenschwärmen oder irgendwelcher Seuchen* (162). Von diesen Passagen spricht Italo Calvino, wenn er seinen Marco Polo zu Khan Kublai sagen lässt:

Marco Polo stellte sich vor zu antworten (oder Kublai stellte sich seine Antwort vor) und je weiter er sich in den unbekannten Bezirken ferner Städte verlor, um so mehr verstand er die anderen Städte, durch die er gekommen war, um dorthin zu gelangen, und ging die Etappen seiner Reisen zurück und lernte den Hafen kennen, von dem er aufgebrochen war, und die vertrauten Plätze seiner Jugend und die Umgebung seines Zuhauses und den Campiello in Venedig, über den er als Kind gerannt war.

Italo Calvino: Die unsichtbaren Städte. München 1979, S. 35 f.

«Jedesmal, wenn ich dir eine Stadt beschreibe, sage ich etwas über Venedig.» [55]

Mit seinen schwärmerischen Darstellungen eröffnet Polos Buch eine Tradition der China-Utopie, die während der europäischen Aufklärung in literarischen Chinoiserien und fiktiven «Chinesischen Briefen» [56] über das Leben in Europa ihren Ausdruck fand. Ohne Zweifel ist sein Bericht über China «mehr als die Summe wahrer oder falscher Aussagen» [57]. Jonathan Spence nennt ihn «eine Kombination aus verifizierbaren Fakten, willkürlich ausgewählten Informationen, die als Statistik ausgegeben werden, Übertreibungen, Phantasie, unbegründeten Geschichten, die leichtgläubig übernommen werden und einer gewissen Anzahl ausgemachter Erfindungen» [58]. Für den mittelalterlichen Leser

Kublai Khan auf der Jagd in der Wüste.
Die 1280 datierte Seidenrolle wird dem Maler
Liu Guandao zugeschrieben.

wird er zur Botschaft von der Möglichkeit einer ihm fremden Welt, die zwar Kublai, *ein weiser, weitsichtiger Mensch, der allergeschickteste Herrscher über Völker und Reiche* (130), regiert, deren Gesetze aber mit denen des christlichen Europa jener Zeit nicht zu vereinbaren sind. Hier ist einer der Gründe zu suchen, die dazu geführt haben mögen, dass der besorgte Fra Pipino im Vorwort zu seiner Ausgabe verunsicherte Polo-Leser zu beruhigen sucht: «Alle, die dieses Buch lesen, sollen – damit die vielen vormals ungehörten und uns ungeläufigen Dinge aus vielen Ländern, von denen es berichtet, dem unerfahrenen Leser nicht als unglaublich erscheinen – wissen, dass Messer Marco Polo, der diese Erfahrungen schildert, ein maßvoller, gläubiger und frommer Mann mit ehrlichem Lebenswandel ist, der sich unter all seinen Freunden eines guten Leumunds erfreut; angesichts dieser Tugenden ist seine Erzählung glaubwürdig.» Vater Nicolao und Onkel Maffeo werden in diesem Zusammenhang von Pipino als «reife, fromme und weise» Männer bezeichnet; insbesondere habe Marcos Onkel «auf seinem Sterbebett seinen Beichtiger in einem vertrauten Gespräch der Standfestigkeit seines Glaubens versichert und dabei die Wahrhaftigkeit dieses Buches mit einbezogen» (P 5).

Was Marco Polos Buch über China berichtet, bleibt nicht bei den Einrichtungen der diesseitigen Menschenwelt stehen. Zu den buddhistischen Feuerbestattungen führt er aus: Beim Verbrennen des Toten werden Nachbildungen von *prächtig gesattelten Pferden, männlichen und weiblichen Sklaven, Kamelen und Rüstungen aus Goldstoff sowie Geld in großer Menge zusammen mit dem Leichnam den Flammen übergeben, sodass sie mit ihm verbrennen. Und sie meinen, dass der Tote all die Sklaven und Tiere, deren Bilder mit ihm verbrannt werden, lebendig in Fleisch und Blut und das Geld in Gold in jener anderen Welt zu seiner Verfügung haben wird […] und dass ihre Götzen selbst ihm dort die Ehre erweisen werden.* (Y II, 191) Ein größere Diskrepanz zur Ideenwelt, in der Polo aufgewachsen war, ist kaum denkbar.

Unter den Beschreibungen der *neun Teilreiche von Mangi* (255) nimmt die Schilderung des Hafenplatzes Quinsai[59] eine besondere Stellung ein. Die heute als Hangzhou bekannte Stadt liegt an einer Meeresbucht südlich Schanghai. Nach der Eroberung von Nordchina durch die Mongolen Kublais war sie bis zu ihrem Fall 1276 «derzeitiger Aufenthalt des Kaisers» (495) der Sung-Dynastie. Für Marco Polo ist sie noch immer *die Hauptstadt Quinsai* (244) und *bei weitem die glanzvollste Stadt der Welt* (245). Bei ihrer Schilderung erwähnt Polo – auf diesen außergewöhnlichen Umstand sei hier ausdrücklich hingewiesen – seine Quelle: Er bedient sich einer schriftlichen Schilderung, die dem erobernden General vor dem Sturm auf die Sung-Hauptstadt mit der Bitte übergeben wurde, *dieses Schriftstück dem Großkhan vorzulegen, damit er sich über die Pracht dieser Stadt unterrichte und deswegen die Plünderung und Verwüstung verbiete.* Im Text wird bekräftigt: *Alles, was ich sage, ist wahr, denn ich, Marco Polo, habe es später mit eigenen Augen gesehen.* (245)

Zu Beginn der Mongolenherrschaft in China war das Reich der Mitte gespalten; im Süden herrschte schon seit 960 die Sung-Dynastie, die Nordchina an tatarische Herrscherstämme (Kitai, gefolgt von den Kin) verloren hatte. Dschingis Khan eroberte 1215 Peking, die Hauptstadt des Nordreichs, wandte sich dann aber nach Westen. Sein Sohn Ugedei setzte die Unterwerfung Nordchinas fort. Erst Kublai Khan besiegte die Sung endgültig und konnte China so unter mongolischer Herrschaft vereinen.

Kein Wunder, dass sich der Venezianer Marco Polo ausgiebig mit Hangzhou / Quinsai befasst: Die Stadt erinnert ihn an die Heimat. Gleich eingangs hebt er hervor, *daß es zwölftausend steinerne Brücken gibt [...]; man darf nicht vergessen, die ganze Stadt ist im Wasser gebaut und vom Wasser umgeben. Die Brücken sind nötig für den raschen Verkehr.* (245) An der Südseite der Stadt *erstreckt sich ein See von gut dreißig Meilen Uferlänge. Rund um den See stehen prächtige Paläste und vornehme Landhäuser, alles herrliche, kunstvoll geschmückte Bauten.* (247) *Quinsai ist voll von schönen Gebäuden. Überall im Stadtgebiet verteilt sieht man hohe steinerne Türme; dorthin bringen die Leute bei Feuerausbruch ihre Habe.* (248) *[...] alle Straßen von Quinsai sind mit Steinen und Backsteinen gepflastert. Die Überlandstraßen und die Dammwege in*

de ceste cite et ceulx de la contree du mangni fusseut gens dardnes ils conquesté
ueient tout lautre monde. mais ils ne le sont point cans sont marchans et
gens moult soubtils de tous mestiers. Et ila a en ceste cite moult de philosophes
et de mires. Et saches que enceste cite a .vj.c. ponts tous de pierre. et passe bien
soubs chascun pont une galie ou deux. et aux montaignes de ceste cite coustre
uolure gingenbre aussi a grant plante. Car pour vn gros venesien en auoit
on bien .lx. liures. Et a ceste cite soubs la saignerie .xvj. grans cites qui sont mlt
bonnes et bien maintenus. Et le nom de ceste cite singny uault a dire en frencois
la tour. Et vne autre cite qui est pres de ceste cy. qui a a nom quinsay uault
a dire le ciel de la quelle nous vous compterons cy auant. Et ces noms ont
elles pour leur grant noblece. Et nous parlions de singny et yrons auant
a vn autre cite qui a a nom vringny. Et est lointge de singny vne iournee et
est moult grant cite et bonne et de grans marchandises. et de plusieurs me
stiers. et pour ce quil ny a autre chose qui a compter face nous yrons auant
pour compter de la tresnoble cite de quisay. qui est la maistre cite de tou
te la prouince du mangy.

Cy parle de la tres noble cite de quinsay qui est appellee la contree de mangi.

Quant len se part de la cite de siengui et len a cheuauchie .iij.
iournees par moult biau pais trouuent villes et cha
steaux asse. Adonc trouue len la tresnoble cite de quinsay
qui uault au tour a dire en frencois comme cite du ciel. O
comme autre fois vous ay dit. Sy vous compterons sa g
noblece pour ce que bien fait a despiter . Car cest sans faul

*ganz Mangi sind gleicherweise gepflastert. Es ist also möglich, trockenen Fußes, ich meine, ohne sich zu beschmutzen, durch die Provinz zu reiten oder zu wandern.* (249) Dieser Hinweis allein dürfte genügt haben, bei Polos europäischen Zeitgenossen Staunen, wenn nicht gar Unglauben hervorzurufen. Doch war «Il Milione» mit den Superlativen noch nicht am Ende: *[...] im ganzen gibt es in Quinsai eine Million sechshunderttausend häusliche Herde, mitgezählt sind dabei eine große Anzahl prächtiger Villen. In der Stadt steht eine einzige nestorianische Christenkirche.* (253) Und er führt die Zahl der Handwerker an, den Umfang des Pfefferhandels, die Höhe der Einnahmen, die dem Großkhan jährlich durch den Gewerbefleiß und den Warenumschlag in der Stadt zufließen, vor allem durch das Salz. *Das ist eine fabelhaft große Geldsumme. Die Lage in Meeresnähe ist der Grund für den Salzreichtum von Quinsai.* (255) *Und ich, Marco Polo, ich habe oft den Steuerberechnungen zugehört, und ich kann euch versichern, daß – ohne das Salz – in einem Jahr gewöhnlich zweihundertzehn Goldtoman abgeliefert werden [...] ein unvorstellbarer Steuerertrag; noch nie hat ein Mensch von so etwas berichten können.* (256 f.)

*[...] fünfundzwanzig Meilen von Quinsai entfernt, zwischen Nordost und Ost, beginnt der Ozean. Dort unten liegt die Stadt Ganfu. Im Meerhafen gehen riesige Schiffe mit vielen und kostbaren Gütern aus Indien und anderen Ländern vor Anker. Stadt und Hafen sind durch einen schiffbaren Fluß verbunden. Der Fluß kommt von weit her.* (249)

Mit Erwähnung des Vorhafens von Quinsai und dessen Indienhandel wird der Erzählbogen auf die Heimreise nach Venedig ausgerichtet: *Ihr wißt jetzt Bescheid über Mangi und über Catai und über eine Reihe von Provinzen. Ihr seid unterrichtet über Menschen und Tiere und Vögel, über Gold und Silber, über Edelsteine und Perlen und über manch anderes. Aber damit ist unser Buch bei weitem nicht vollständig, noch steht nicht alles drin, was wir aufschreiben wollen; es fehlen alle Nachrichten über die Inder. Darüber*

Quinsai, die «Himmelsstadt» mit den 12 000 Steinbrücken. Zur Zeit von Marco Polos Besuch war das heutige Hangzhou eine Weltmetropole, die in ihrer Pracht jede europäische Kapitale weit hinter sich ließ.

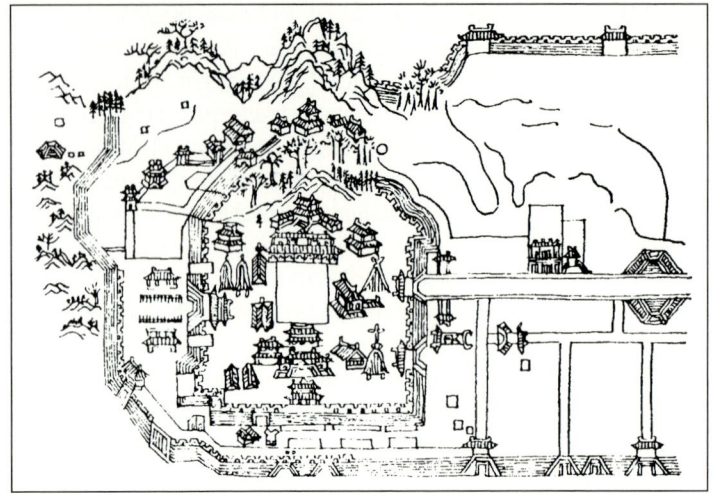

Plan der Himmelsstadt Quinsai, 13. Jahrhundert

gibt es viel zu erzählen, das wohl wert ist, hier schriftlich festgehalten zu werden. Alle, die nichts über Indien wissen, werden mit Staunen von wunderbaren Dingen hören, die es sonst nirgends auf der Welt gibt. Ich, Meister Rustichello, werde alles ganz getreu darstellen, wie es Messer Marco Polo sagt und beschreibt. (272)

# Aufbruch in die Heimat

Trotz der Fülle an Fakten über China, die er seinen Lesern anbietet, warnt Polo: *Ihr dürft aber nicht meinen, ihr wäret erschöpfend über Catai unterrichtet, oder auch nur über einen Zwanzigstel davon. Ich, Marco, habe nur diejenigen Städte beschrieben, die ich auf meiner Reise durch die Provinzen besucht habe; abgelegene Orte und Gegenden habe ich ausgelassen; die Aufzählung wäre langweilig gewesen.* (226) An Marco Polos Chinaberichten fällt nicht nur auf, dass er sie anders erzählt als mit seinen als *aufmerksamer Beobachter und guter Berichterstatter* für den Großkhan verwendeten Worten; er bleibt auch den Beweis dafür schuldig, *ein geschickter Botschafter* Kublais gewesen zu sein. (21) Ja, er lässt uns sogar über die ihm vom Khan im Einzelnen gestellten diplomatischen Aufträge im Unklaren.

Ehe das Buch sich den Stationen der Heimreise nach Venedig zuwendet, findet ein Land Erwähnung, das vor Polo in Europa völlig unbekannt war: *Die Insel Cipangu. [...] Es leben dort schöne, weißhäutige Menschen mit gefälligen Manieren. Sie sind Heiden; in völliger Unabhängigkeit regieren sie nur sich selbst und üben keine Herrschaft über andere Völker aus. Die Goldvorkommen auf der Insel sind unbeschreiblich reich. [...] niemand führt das Gold aus; denn kein Kaufmann, noch sonst irgendwer, reist von der Insel zum Festland. Daher dieser ungeheure Besitz an Gold.* (277) Der Hinweis auf den Goldreichtum Japans – denn um dieses Inselreich handelt es sich bei *Cipangu* – hat auf spätere Entdecker als Stichwort zum Aufbruch gewirkt; erwähnt Polo doch sogar, das Dach des riesigen Herrscherpalastes von Cipangu sei *aus purem Gold* (277). Die Texte Marco Polos geben Japans Entfernung vom asiatischen Festland sehr unterschiedlich an, für die Navigation sind sie allesamt ungeeignet. Das Land sei *eine sehr große Insel, tausendfünfhundert Seemeilen vom Festland entfernt,* heißt es. (277) In der ältesten deutschen Textfassung lautet die Stelle: *Zympagu ist eyn insula in India kegin orient und ist gelegin in der tufe des meris und von derme lande tusint myle und me, und izt eine groze insula.* (T 50)

Zwar ist Polo nicht selbst in Japan gewesen, doch weiß er in aller Ausführlichkeit von einem Ereignis zu berichten, das kurz vor seinem Eintreffen im Reich des Großkhans stattfand: Im November 1274 unternahm in Kublais Auftrag eine Flotte aus «300 großen Schiffen und 400 bis 500 kleineren Fahrzeugen»[60] einen Versuch, das Inselreich Japan zu erobern. Sie scheiterte aber, da *eines Tages ein heftiger Nordwind tobte* (279). Polo nennt als Zeitpunkt für den Invasionsversuch das Jahr *1269*; damals hatte es auch einen – weniger massiven – Versuch gegeben, Japan zu erobern, insgesamt waren es fünf seit 1268. Als Kublai schließlich 1280 eine diplomatische Gesandtschaft nach Japan schickte, wurden deren Mitglieder getötet. Diesen Zwischenfall erwähnt Polo nicht, obwohl er doch – wenn auch in anderen Gegenden – selbst als Gesandter des Großkhans unterwegs war. Neben den Berichten von Schlachten, die Kublai bei der Eroberung Nord- und Südchinas, gegen seine Herausforderer beim Kampf um den Thron des Großkhans und gegen andere Feinde geführt hat und haben soll, neben einer angeblich ausgefochtenen *Schlacht zwischen Priester Johannes und Cinghis Khan* (96), den Schilderungen von Kämpfen zwischen Nachfolgern Dschingis Khans in Mittelasien und der breit angelegten Erörterung des Endes der *Assassinen* (60ff.) und den Schilderungen anderer militärischer Unternehmungen nimmt sich der Bericht über die versuchte Invasion der japanischen Inseln nüchtern und sachlich aus. Wie bei allen anderen Schlachtengemälden des Buchs ist auch hier Rustichellos Hand zu spüren, die mit offensichtlich geübter Grandezza effektvoll die Striche setzt. Meist bedient sich die Erzählung des Pisaners hierbei mehr «der Konventionen höfischer Romane als solcher Worte, wie wir sie von einem erfahrenen Reisenden wie Marco hätten erwarten können»[61]. Das wird besonders deutlich bei der unreflektierten Verwendung von Begriffen wie «Ritter», «König» und «Kaiser» zur Beschreibung der Funktionen asiatischer Krieger und Herrscher. *Nun aber genug davon, wir wollen in unserer eigentlichen Geschichte weiterfahren.* (285)

Die Schlacht zwischen Dschinghis Khan
und dem Priesterkönig Johannes

Ein Grund für den Wunsch der Polos, nach Venedig heimzu-
kehren wird neben der Länge der Zeit, die sie sich schon in der
Fremde befanden, die Ungewissheit um das Fortbestehen des
ihnen vom Großkhan gewährten Schutzes gewesen sein. «Sie
erwarben Reichtum, und nach Jahren des Aufenthalts in der
Fremde begannen sie sich Sorgen zu machen, was nach Kublais Tod folgen werde, und sie sehnten sich danach, ihren
Reichtum und ihre eigenen grau gewordenen Köpfe sicher
heim an die Lagune zu bringen. Der alt gewordene Kaiser
brummte ablehnend zu all ihren Andeutungen.» (Y 22f.) Denn
– positiv ausgedrückt – *der Khan liebte sie so sehr und behielt sie so
gern in seiner Umgebung, daß er ihnen um nichts in der Welt den Abschied gewähren mochte* (22).

Da kam der Zufall zu Hilfe.

In Persien, dem Reich der Il-Khane, wo seit 1284 ein Groß-
neffe Kublais namens Argon [62] an der Macht war, starb 1286 die

Hauptfrau des Khans. Der Herrscher sandte daraufhin eine Gesandtschaft an den Großkhan, die den Auftrag hatte, Kublai um Hilfe zu bitten; die Verstorbene habe verfügt, *nur eine Frau aus ihrer eigenen Familie dürfe ihre Thronfolgerin und Gattin Argons werden* (22). Die Tote war eine Mongolin. Kublai wusste die politische Bedeutung der Bindungen zu würdigen, die die Dschingisiden aller von Mongolenkhanen beherrschten Teilreiche noch mit dem Land ihres Ursprungs verbanden. Er traf die erbetene Wahl und erkor eine *hübsche Siebzehnjährige* Argon zur Braut; die drei Gesandten zeigten sich *höchst erfreut.* (23) Die junge Frau, Cocacin[63] mit Namen, *eine äußerst schöne und tugendsame Dame*, begab sich mit den Gesandten auf den Weg und folgte *der Route, die diese gekommen waren. Nachdem sie acht Monate gereist waren, wurden sie am weiteren Fortkommen gehindert, die Straßen wurden unpassierbar, da zwischen den mongolischen Fürsten neuerliche Kämpfe ausgebrochen waren.* (W 19) Sie waren genötigt, an den Hof des Großkhans zurückzukehren.

*Zu dieser selben Zeit kam Messer Marco aus Indien zurück; vieles wußte er zu erzählen von seiner Seefahrt und vom fremden Land.* (23) Er war bei dieser Mission zu den Vasallen des Großkhans in Südostasien wohl lediglich «ein Mitreisender, vermutlich jedoch nicht der Anführer» (Pe 303) gewesen, obschon einige Textvarianten davon sprechen, die Schiffe seien *unter seinem Befehl* gesegelt. *Er berichtete dem Großkhan seine Erkenntnisse über die besuchten Länder, mit allen Einzelheiten seiner eigenen Steuermannskunst, die er, wie er sagte, mit höchster Verlässlichkeit praktiziert hatte. Diese Bemerkung kam den drei Gesandten zu Ohren, die dringlich bestrebt waren, in ihre Heimat zurückzukehren [...].* (W 19) Gemeinsam mit den Venezianern suchten sie den Großkhan auf *und legten ihm dar, mit welch großer Bequemlichkeit und Sicherheit sich ihre Heimreise auf dem Seewege bewerkstelligen ließe [...], nach Meinung von Marco Polo, der jüngst jene Gewässer befahren habe.* (W 20)

Nicht Marco Polo allein, sondern alle drei Venezianer werden bei dieser Gelegenheit als *Personen, die in der Ausübung der Steuermannskunst höchst erfahren* seien, bezeichnet. (W 20) Und tatsächlich stimmt der Großkhan dem Unternehmen zu. Er

*beruft alle zu sich und gibt ihnen zwei Täfelchen, worauf geschrieben*
*steht, daß sie überall in seinem Reich frei passieren können und daß*
*ihnen und ihrer Gefolgschaft alles für Reise und Unterkunft zur Ver-*
*fügung gehalten werden müsse. Er betraut*
*sie mit einer Botschaft an den Papst, an die*
*Könige von Frankreich und Spanien und an*
*alle anderen Könige der Christenheit. Dann*
*läßt er vierzehn Schiffe rüsten, alles Vier-*
*master, wo bisweilen zwölf Segel aufgezo-*
*gen werden. [...] Jedes war mit einer guten*
*Mannschaft besetzt und jedes, auf Befehl*
*des Großkhans, mit Vorräten für zwei Jahre*
*versorgt.* (23 f.) Es war *eine Gesellschaft*
*von sechshundert Personen, die Matrosen*
*nicht mitgerechnet.* (24) Einschließlich
der Schiffsbesatzungen nennt Polo an
anderer Stelle die Gesamtzahl *von unge-*
*fähr zweitausend Leuten* (295).

Derart aufwendige Unternehmun-
gen hat es in der Geschichte der chine-
sischen Seefahrt bis in die Zeit der
Ming-Dynastie gegeben; sie erreichten
mit den Fahrten des Admirals Cheng
Ho, dessen Expeditionen im ersten
Drittel des 15. Jahrhunderts bis nach
Ostafrika kamen, ihren Höhepunkt.
«Nach Cheng Hos Tod fanden keine
Überseefahrten von vergleichbarer Be-
deutung mehr statt.»[64]

Goldtäfelchen
mit Löwenkopf.
Für die lange und
gefahrvolle Rück-
reise übergab
Kublai Khan den
Polos ein derar-
tiges Stück,
das sie als seine
Freunde ausweist
und ihnen so
Schutz und Hilfe
im ganzen Mon-
golenreich
sichert.

Es verwundert nicht, dass Marco
Polo keine Bedenken hegt, sich chinesischen Schiffen anzuvertrauen, stellt
doch seine Beschreibung der Dschunken diese äußerst krass in Gegensatz
zu den in Hormos gebauten Schiffen, die ihm seinerzeit ein so
lebhaftes Misstrauen eingeflößt hatten. *Die Schiffe sind folgen-*
*dermaßen genagelt: der Rumpf besteht aus doppelten Planken, das*

*heißt, die Wände sind rundum zweischichtig. Zur Befestigung ver-*
*wendet man Eisennägel. Inwendig und auswendig sind alle Fugen*
*abgedichtet.* (274)

Über die Größe der Kublai zu Gebote stehenden Flotte vermittelt Marco Polo eine Vorstellung, wenn er vom Hwangho
spricht, einem Strom *so groß hin-*
*sichtlich Breite wie Tiefe, dass keine*
*feste Brücke über ihn gebaut werden*
*kann* (W 164); auf ihm *verkehren*
*dermaßen viele Schiffe (ich wage ihre*
*Zahl gar nicht zu nennen, weil man*
*mich für einen Lügner halten würde).*
*Fünfzehntausend Schiffe sind es; sie*
*gehören alle dem Großkhan. Seine*
*Truppen segeln damit zu den Inseln*
*im Meer. […] Zu jedem Schiff gehören*
*zwanzig Seeleute; auf jedem werden*
*fünfzehn Pferde und Reiter samt ih-*
*rer Verpflegung transportiert.* (226)
Die Inseln und Küstenländer Südostasiens, von denen Marco Polo
einige auf seinen Gesandtschaftsreisen von Peking aus besucht hat,
befanden sich in sehr unterschiedlichen Abhängigkeitsverhältnis-
sen zu Kublais Reich. Noch von
den Königreichen auf Sumatra
heißt es, sie stünden *unter der Ober-*
*hoheit des Großkhans* (299). Auch
*Mien [Burma] und Bangala wurden*
*nach verlorenem Kampf dem Groß-*
*khan tributpflichtig* (200). Beim Ein-
treiben von Abgaben der auf dem
Wasserweg erreichbaren Vasallen war Kublai Khan auf eine
starke Flotte angewiesen.

Cheng Ho (um 1370–1430) war
Eunuche am Kaiserhof. Rasch
gelang es ihm, sich des kaiserlichen Wohlwollens zu versichern. So wurde er 1405, nun
bereits Obereunuch, mit der
Leitung einer maritimen Expedition betraut. Die höchst er-
folgreiche Reise, bei der mit
lokalen Herrschern an Indiens
Küsten Geschenke ausge-
tauscht und dadurch Tribut-
ansprüche vertreten wurden,
dauerte zwei Jahre. Dieser ersten Unternehmung folgten insgesamt sechs weitere Fahrten,
die Cheng Hos Flotten bis zur
Arabischen Halbinsel und zur
ostafrikanischen Küste brach-
ten. Dass seine Flottenunter-
nehmungen (mit bis zu 30 000
Beteiligten) keine Fortsetzung
fanden, mag an dem gewalti-
gen Aufwand gelegen haben,
der die Staatskasse zu stark
belastete, zum anderen an
einer ideologischen Wende,
die Chinas politische Interessen von der Außenwelt ab- und
stärker auf sich selbst lenkte.
Bei den außerhalb der Landes-
grenzen im Südosten Asiens
lebenden Chinesen genießt
Cheng Ho noch heute besondere Verehrung.

Die Dschunken mit den drei Venezianern und der ihnen
vom Khan anvertrauten Braut Cocacin verließen den Hafen

Quanzhou[65] Anfang 1292 mit dem Wintermonsun und nah-
men *Kurs auf West-Südwest* (286). *Sie stachen in See und segelten
gute drei Monate südwärts, bis sie zur
Insel Java gelangten.* (24) Gemeint
ist hier *Klein-Java*; so nennt Polo
die Insel Sumatra. Von Java – der
*großen Insel Java* (289) – weiß er
zwar den Gewürzreichtum zu rühmen, doch ist er dort nicht gewesen. (Pe 755)

> Polo der Venezianer, der sich
> lange Zeit in Kathay aufhielt,
> kam nie bis nach Amerika und
> hatte doch, diesem gegenüber,
> die Küsten von Mangia besucht,
> wo er sich zu einer großen
> Seereise auf jenen Meeren ein-
> schiffte.
> **Sir Humphrey Gilbert: Traktat
> über die Nordwestpassage, 1566**

Der Takt der Monsune be-
stimmte den Ablauf der Fahrt. Dieses jahreszeitliche Windsys-
tem wird von Polo eindrucksvoll beschrieben: *Auf dem Chinesischen Meer blasen nur zwei Winde; einer, der die Schiffe vom Festland
weg-, und einer, der sie auf die Küste zutreibt. Jener ist der Winter-
wind und dieser der Sommerwind.* (285) Bis schließlich in Hormos
der Bestimmungshafen erreicht war, bedingten die Monsun-
winde nicht nur – solange sie in der gewünschten Richtung blie-
sen – ein zügiges Vorankommen, sondern wurden auch, da die
Dschunken nicht hoch am Wind segeln konnten, Anlass zu
Wartezeiten. Die längste dieser Zwangspausen musste die
Expedition nach den ersten drei Segelmonaten auf der Insel Sumatra einlegen: *Ich, Marco Polo, habe mich da fünf Monate lang aufgehalten, weil das Wetter uns an der Weiterreise hinderte.* (295) Hier,
auf *Klein-Java* (292), kam die Expedition dem Äquator am nächsten. Polo registriert Eigentümlichkeiten des Sternhimmels, die
ihm als Navigator erwähnenswert sind: *[...] hier erscheint der Polarstern nicht. Von den Sternen des Großen Bären ist ebenfalls kein
einziger sichtbar.* (295) Von wilden Elefanten und Nashörnern –
er nennt diese Tiere *Einhörner, die kaum kleiner als Elefanten sind*
(293) – weiß er ebenso anschaulich zu berichten wie von der Vo-
gelwelt der Insel und von Rotholzbäumen, deren Samen er mit-
nahm und die er in Venedig vergeblich zu ziehen versuchte: *Es
war aber dort zu kalt.* (298) Und wieder einmal erklärt er, es gäbe
auf jener Insel *die besten Fische der Welt* (296).

*Etwas Absonderliches erwähne ich noch: in diesem Königreich
leben behaarte Menschen mit einem Schwanz, länger als eine Span-*

Auf Klein-Java (Sumatra) begegnet Marco Polo neben verschiedenen wundersamen Tieren auch Menschenfressern: «... das Bergvolk ist ungehobelt; es lebt wie die Tiere. Ihr könnt mir glauben: die Eingeborenen in den Bergen verzehren Menschenfleisch; sie essen jede Sorte Fleisch, reines und unreines.»

*ne; es ist wirklich wahr, die meisten Eingeborenen sehen so aus. Sie wohnen allerdings in den Bergen und nicht in der Stadt. Die Schwänze sind so dick wie jene der Hunde.* (298 f.) War hier der Entdecker dem Orang Utan [66] auf der Spur?

*Sie verließen die Insel [Sumatra] und fuhren achtzehn Monate durchs Indische Meer, bis sie ihr Ziel erreichten. Allerhand Merkwürdigem sind sie da begegnet [...].* (24) Auch hier ist die Zeitangabe eher geeignet, Verwirrung zu stiften als eine Chronologie des Reiseverlaufs herzustellen. Acht Monate zwischen dem Ablegen der Dschunken in Quanzhou/Zaiton und dem Aufbruch von Sumatra *nordwärts* (300) plus 18 bis zum Ziel der Seereise in Hormos macht 26 Monate; das würde die Expedition in den ersten Monaten des Jahres 1294 nach Hormos und von dort an den persischen Hof bringen – doch sind diese Angaben «zu oberflächlich für eine Genauigkeit, die keinerlei Abweichungen zuließe» (Y 23); und so melden sich bei der Interpretation der Polo-Texte auch Stimmen, die – unter Berücksichtigung der Angaben persischer Quellen für den Zeitpunkt des Eintreffens der Braut Cocacin am Hof der Il-Khane – sagen: «Sie müssen China nicht 1292 verlassen haben, wie allgemein veranschlagt wird, sondern zeitig im Jahre 1291.» (Pe 393) Letzter Bezugspunkt all dieser Berechnungen ist die in der Zusammenfassung der Reise im Prolog des Buches enthaltene Angabe, die drei Polos seien *im Jahre 1295 nach Christi Geburt* (26) schließlich nach Venedig zurückgekehrt. Sir Henry Yule, dessen Anmerkungsapparat zu der von ihm besorgten Polo-Ausgabe immer wieder Anlass zum Staunen über die Akribie der umfangreichen Nachforschungen dieses Orientalisten gibt, will aber gerade die Jahreszahl für den Zeitpunkt der Rückkehr nach Venedig – «nach allen Texten irgendwann 1295» (Y 24) – nicht unangefochten dastehen lassen. In einer Fußnote schreibt er dazu, seine Verzweiflung kaum verhehlend: «Alle Zeitangaben sind so unzuverlässig, dass ich selbst in die Angabe zu ihrer Rückkehr kein absolutes Vertrauen habe. […] Die Reisenden mögen sich auf ihrem Weg einige Zeit in Konstantinopel aufgehalten oder gar die Nordküste des Schwarzen Meeres aufgesucht haben. […] Sollte 1296 der Zeitpunkt der Heimkehr gewesen sein, so wäre außerdem die im Prolog zu findende Angabe von 26 Jahren für die Dauer der Abwesenheit von Marco der Genauigkeit näher. Denn er verließ Venedig im Frühling oder Sommer 1271.» (Y 24) Den wohl schwerwiegendsten chronologischen Fehler des ganzen Buches, die Jahreszahl 1250 für den Aufbruch der Brüder Nicolao und Maffeo zu ihrer ersten Reise, tut Yule in einer Fußnote resigniert mit dem Hinweis ab: «Es steht 1250 in allen hauptsächlichen Texten. Doch ist die Zahl sicher falsch.» (Y I, 3) Allgemein nimmt man stillschweigend 1260 als richtig an.

Dieser Exkurs in die Verstrickungen der Chronologie bei Marco Polo möge genügen, das Problem zu beleuchten; zu lösen ist es ohnehin nicht. Die unterschiedlichen Angaben in den Textvarianten tragen weiter zur Verwirrung bei. Bedenkt man, wie oft Polo im Verlauf der Reise vom Gültigkeitsbereich eines Kalenders in den eines anderen übergewechselt ist und dass er dabei häufig genug gleichzeitig in eine neue Klimazone kam, sodass nicht einmal der Wechsel der Jahreszeiten als «absoluter» Kalender nebenher mitlief, wundert man sich, dass überhaupt Zeitangaben vorliegen.

# Fabelland Indien

Soll Marco Polos Beitrag zur Veränderung des Bildes von der Erde und zur Erweiterung der geographischen Kenntnisse seiner Zeit richtig eingeschätzt werden, ist nicht zu vergessen, dass er keineswegs ausschließlich ein Neuerer war, sondern zahlreichen Vorstellungen der Europäer über Asien anhing, die sich aus unterschiedlichsten Gründen bis ins Mittelalter gehalten hatten. Zu den gängigen Überlieferungen gehörten Ängste vor den «angeblich im nördlichen Teil Asiens hausenden und Schrecken verbreitenden Stämmen der Gog und Magog, die am Tag des Jüngsten Gerichts hervorbrechen würden, um die Menschheit zu vernichten»[67]. Diese Befürchtungen gründeten sich auf warnende Worte vor Gog und Magog in einem der prophetischen Bücher des Alten Testaments: «So wirst du kommen aus deinem Ort, von den Enden gegen Mitternacht, du und groß Volk mit dir, alle zu Rosse, ein großer Haufe und ein mächtiges Heer; und wirst heraufziehen über mein Volk Israel wie eine Wolke, das Land zu bedecken. Solches wird zur letzten Zeit geschehen.»[68] Nicht nur die Bibel, auch der Koran warnt: «[...] Gog und Magog stiften Verderben im Lande. Sollen wir dir Tribut entrichten daraufhin, daß du zwischen uns und ihnen einen Wall baust?» Der Angesprochene, Dhu'l Qarnain, mit dem Alexander der Große gemeint ist, versichert daraufhin: «[...] ich will zwischen euch und sie einen Grenzwall ziehen.»[69] Dass Marco Polo vom *Land Gog und Magog* (111) spricht, ist so gewertet worden, als erwähne er indirekt die von Kublais Mongolen überwundene Chinesische Mauer.[70]

Über die Länder jenseits von Gog und Magog weiß Polo Zutreffendes zu berichten: *In den nördlichen Teilen der Welt wohnen viele Tataren. Bei ihnen wächst keinerlei Getreide sodaß sie sich nur von Fleisch und Milch ernähren. [...] Die Tataren besitzen riesige Herden von Pferden, Kühen, Schafen und anderen Haustieren. Auch*

*gibt es in diesen nördlichen Gegenden Bären, die weiß und sehr groß
– an die zwanzig Spannen hoch – sind. Ebenfalls gibt es Füchse, deren Fell ganz schwarz ist, wilde Esel und eine Gattung kleiner Tiere,
die bei uns Zobel heißen.* (K 297 f.) Im Norden liegt auch das Land
der *Merkiten; sie sind eine wilde Horde und ernähren sich vom
Fleisch bestimmter Tiere, von denen sie die größten auch zum Reiten
benutzen; diese sehen wie Hirsche aus.* (K 98)

Mit der Erwähnung von Rentier, Eisbär, Polarfuchs und
Zobel wird über die weiten Ebenen jenseits des Baikalsees die
Brücke nach Russland geschlagen: *Die Provinz Russia ist sehr
groß; sie besteht aus vielen Gebieten und grenzt im Norden an das
Land der Finsternis […]. Ihre Bewohner sind Christen und üben ihren
Glauben nach griechischem Brauch aus. […] Das Land ist dem Khan
der westlichen Tataren [der Goldenen Horde] tributpflichtig und
grenzt an den Westen seines Reiches. […] Russia ist ein sehr kaltes
Land, und man hat mir versichert, daß es sich bis zum nördlichen
Ozean erstreckt.* (K 300) Selten gibt Polo dem Leser so deutlich
zu erkennen, dass er ein Land, von dem er Mitteilung macht,
nicht aus eigener Anschauung kennt.

Den Süden des asiatischen Kontinents beherrschte im
Weltbild des Mittelalters der Begriff «Indien» mit all seinen
Wundern. «Dieser Name wurde lose auf alles in den entlegens-
ten Teilen Asiens angewandt.»[71] Dass in einigen Polo-Texten
auch Japan *Zympagu […] eyn insula in India* (T50) genannt wird,
mag dies verdeutlichen. Viele der mit «Indien» in Verbindung
gebrachten Wunderdinge gehen auf antike Autoren zurück.
«So sollten in Indien Menschen mit riesigen Ohren leben, die
sie dazu benutzten, sich beim Schlafengehen zuzudecken. Andere hätten Füße, bei denen die Fersen nach vorn und die Ze-
hen nach hinten zeigten. Am Ganges lebten Menschen, die
statt des Mundes nur Atemlöcher besäßen und sich allein vom
Geruch der Speisen nährten.»[72] Auch Polo erwähnt derlei
Monstrositäten. Beispielsweise sagt er von einer Insel im Golf
von Bengalen: *Die Menschen haben Köpfe wie Hunde und Zähne
und Augen ebenfalls wie Hunde. Ihr könnt mir glauben: sie sehen aus
wie Buldoggen.* Aber noch ehe er die Inselbewohner als *äußerst
grausam* und als *Menschenfresser* charakterisiert, heißt es von

Die Eingeborenen auf der Insel Angaman im Indischen Ozean. «Sie sehen aus wie Bulldoggen» und «Menschenfresser; jeden, der nicht ihres Stammes ist, verzehren sie.»

ihrem Land: *Es gibt viele Gewürze dort.* (301) Das legt den Verdacht nahe, Polo sei hier der Erzählung von Kaufleuten aufgesessen, die mit derlei Schreckenslegenden ihn und seinesgleichen vom Besuch der Gewürzinsel abhalten wollten.

Ein wirklichkeitsnäheres Bild des fremden Landes gibt seine Schilderung der indischen Fauna: *[…] in ganz Indien leben völlig andere Vögel und Tiere als bei uns.* Er erwähnt die fliegenden Hunde, *Vögel ohne Flaum und Federn. Sie fliegen in der Nacht und sind groß wie Habichte.* (319)

Ging es um Indien, wurden seit dem Altertum drei Zeugen angeführt: Bacchus, Herkules und Alexander der Große. Sie hatten das Fabelland nicht nur besucht, sondern ihm durch ihr Handeln vermeintlich einen abendländischen Stempel aufgeprägt. In christlicher Zeit war der heilige Thomas dazugekommen, *der das Evangelium zuerst im Königreich Nubien predigte* (K 290). Sein angebliches Grab in einer kleinen Ortschaft an der südindischen Koromandelküste wird erwähnt, zu *dem Christen*

Pilger vor dem Schrein des heiligen Thomas in der Provinz
Maabar. «Die Mohammedaner jener Gegend glauben an den
Apostel Thomas und sagen, er sei Mohammedaner gewesen.»

*und Sarazenen [...] pilgern* (325). *Ihr könnt mir glauben, während
des ganzen Jahres geschehen hier Wunder; bei ihrer Schilderung kä-
me man aus dem Staunen nicht heraus; namentlich wenn man vernimmt, wie gebrechliche und verkrüppelte Christen geheilt werden.*
(328) *Von der wunderbaren Grabstätte [...] hat Messer Marco [...] Erde nach Venedig mitgebracht und damit viele kuriert.* (326)

Der Begriff «Wunder», hier am Grab des Apostels im engen
mittelalterlich-katholischen Sinn gebraucht, erschöpft sich für
Marco Polo damit keineswegs. Für ihn ist Indien schlechthin
das *Wunderland Indien* (273), in dem *die fabelhaftesten Dinge
vor[kommen]. Wer davon hört, wird sich vor Verwunderung nicht
fassen können.* (272) Das mittelalterliche christliche Dogma ließ
jenseits der von seinen Heiligen ausgehenden Mirakel keinen
Raum für das Wunderbare; die Überwindung vorchristlichen

Volksglaubens und seiner Erklärungsversuche für «Übernatürliches» war Teil des langen Prozesses der Christianisierung. «[...] fast könnte man sagen, das Christentum oder jedenfalls das mittelalterliche Christentum sei allergisch gegen das Wunderbare.» Die Geistlichkeit zeigte sich beim Verketzern nicht kanonisierter Wunderdinge «ziemlich erfolgreich; sie verschleierte viel von den Traditionen des Wunderbaren in der Volkskultur».[73] Vor diesem Hintergrund sagt Fra Pipino zu seiner eigenen Rechtfertigung, warum er Marco Polos Bericht mit den vielen wunderbaren Dingen verbreite: *Ich unternahm die Aufgabe, ihn zu übersetzen, mit großem Seelenfrieden und zur Tröstung all derer, die ihn lesen und zu Lob und Preis Unseres Herrn Jesu Christi, Schöpfer aller sichtbaren wie unsichtbaren Dinge.* (P 6) In Titeln früher deutscher Polo-Ausgaben finden sich Worte wie «die grossen wunderlichen ding diser Welt» und «wunderbarliche Reise» (Y II, 556 f.). Später wurde die Formel vom «Buch der Wunder der Welt» (K 325) häufig als Bezeichnung für Marco Polos Reisebericht verwendet, unabhängig vom tatsächlichen Titel der Ausgabe.

Ehe Polo das Festland von *Großindien* (K 289) erreichte – den Begriff benutzt er nach Westen bis zum Golf von Oman –, war er auf *Seilan, der größten und prächtigsten Insel* (302). Ceylon (Sri Lanka), der Antike als «Taprobane» bekannt, spielte bei der Ausdehnung des Seehandels in Richtung Osten nach der Zeit Alexanders eine Rolle als «wichtige Zwischenstation» (Kr 45). Marco Polo rühmt zunächst den Reichtum an Edelsteinen, kommt jedoch, nachdem er mit seiner Reiseschilderung längst bei den Bewohnern des indischen Festlandes ist, bei der Schilderung der *Gebräuche dieser Heiden* (336) noch einmal auf *Seilan* zurück. Bisher hat er sich zwar beim Deuten buddhistischer Rituale nicht zurückgehalten; was Polo aber jetzt im Zusammenhang mit dem Buddha-Heiligtum auf *Seilan* über den Glaubensstifter zu sagen hat, übertrifft sogar noch seine Begeisterung für Khan Kublai. *[...] ein weiser, weitsichtiger Mensch, der allergeschickteste Herrscher über Völker und Reiche,* hieß es über den Großkhan (130); Gautama Buddha ist mehr: *Nach der Überlieferung war er der beste Mensch, der je unter den Heiden gelebt hat, er wurde als erster als Heiliger verehrt, und ihm wurde das erste Götterbild errichtet. Er war der Sohn eines reichen, mächtigen Königs. Er führte ein tugendhaftes Leben, von weltlichen Dingen mochte er nichts hören, auf die Königswürde verzichtete er. [...] Es ist überliefert, der Königssohn sei vierundachtzigmal gestorben. [...] Nach seinem letzten Tod ist er als ein Gott geboren worden. Die Heiden halten ihn für ihren höchsten Gott.* (337 ff.)

Was Wunder, dass die auf Pipino zurückgehenden Polo-Texte diese ausführlichen Passagen nicht übernommen haben. *Von der Insel Seilan aus fährt man ungefähr sechzig Meilen westwärts* bis nach Großindien. Hier lag Maabar, das Land der *Perlensucher. [...] viele Kaufleute beschäftigen sich mit der Perlenfischerei.* (304) *Handelsschiffe aus Mangi, aus Arabien und aus der Levante legen hier an. Kaufleute bringen riesige Warenmengen aus ihren Ländern, setzen sie hier ab, kaufen im großen wieder ein und segeln in die Heimathäfen zurück.* (346) Der Erzählgang vermittelt eine Vorstellung davon, wie sehr Indien – abseits der Mittelmeerwelt, aus der Marco Polo kommt und in der seine ersten Leser leben – eine Welt für sich ist, jedoch nicht in sich abgeschlossen, sondern in ständigem Austausch stehend bis hin nach China auf der einen und Hormos, Aden, Sansibar oder dem bislang in Europa gänzlich unbekannten Madagaskar auf der anderen Seite. Für diese Welt gilt wie für seine Beschreibung von Kublais Reich, in der Dinge wie die Chinesische Mauer oder der Tee fehlen: Betelkauen und Witwenverbrennung, die Grundzüge des Kastenwesens, der Kultur der Brahmanen und des Buddhismus, Ackerbau und Nahrungsgewohnheiten der Inder, Pferdezucht und Pferdehandel – all das gibt zwar ein umfassendes, doch ganz sicher kein lückenloses Bild von Indien. Der Reisende weiß das. Er warnt: *Vergeßt jedoch nicht: von ganz Indien habe ich nur die Provinzen und Städte an der Küste aufgezählt. Über das Landesinnere habe ich nichts berichtet, das wäre viel zu langwierig.* (356) Und, an anderer Stelle: *Wollten wir es unternehmen, über alle Städte Indiens zu schreiben, so würde unser Bericht zu weitschweifig werden. Wir wollen daher nur die berühren, über die uns etwas Besonderes mitgeteilt worden ist.* (K 280)

Offensichtlich macht ihm und seinen Mitreisenden das

Klima zu schaffen. Die Verlustzahlen beweisen es: Von der *Gesellschaft von sechshundert Personen, die Matrosen nicht mitgerechnet* (24) sind schließlich *nur achtzehn Personen [...] heil angekommen* (25). Andere Textfassungen sprechen gar von *nur acht Überlebenden* (Y I, 35). *In diesem Land scheint die Sonne mit solcher Kraft, daß die Hitze kaum zu ertragen ist. Ich versichere euch, wenn ihr ein Ei in irgendeinen der Flüsse eintaucht, so ist es gekocht, kaum seid ihr einige Schritte weiter.* (346) Doch werden die Reisenden nicht nur unter den Temperaturen, sondern auch unter Krankheiten wie Malaria, Skorbut und dergleichen gelitten haben. Angaben dazu finden sich nicht.

Was jedoch berichtet wird, ist weit gefächert und lässt eigenes Staunen erkennen. *[...] viele Menschen beten den Stier an, weil sie ihn für ein besonderes Tier halten. Niemand würde auch nur einen Bissen Rindfleisch essen, und niemand würde Rindvieh schlachten.* (311) *Weder ein Weintrinker noch ein Seefahrer wird je als Zeuge oder Bürge gewählt. Die Leute behaupten nämlich, einer, der aufs Meer fahre, sei in Verzweiflung; daher nehmen sie sein Zeugnis nicht an und messen ihm überhaupt keinen Wert bei.* (315)

Marco Polo segelte weiter, unbeschadet derartiger Vorbehalte gegen Seefahrer. Endlich war die Expedition in einem Gebiet, *wo man den Polarstern wieder wahrnimmt, den wir auf der Strecke von Java bis hierher nicht gesehen haben* (347). Nicht immer gelingt Polo bei Berichten vom Hörensagen, die er übernimmt, die Unterscheidung zwischen Seemannsgarn und gesichertem Wissen. So bei der Sage von zwei benachbarten Inseln im Arabischen Meer, auf denen die Einwohner – *bis auf drei Monate im Jahr, und zwar immer im März, April und Mai* – nach Geschlechtern getrennt leben. *Getaufte Christen wohnen dort; sie leben nach dem Gesetz und den Geboten des Alten Testaments. [...] Weder die Ehegattinnen noch andere Frauen wohnen auf der Männer-Insel, sie wohnen auf der Frauen-Insel.* (357) Vom eigenartigen Reiz dieser Spannung zwischen Falschinformation und höchster Detailtreue lebt auch die Geschichte vom Vogel Ruch auf der Insel Madagaskar weit im Süden: *Er soll dem Adler ähnlich sehen, aber viel größer, nämlich so groß und stark sein, daß er einen Elefanten mit seinen Krallen durch die Luft entführen kann [...]. Leu-*

*te, die den Vogel gesehen haben, versichern, daß seine Flügel ausgebreitet sechzehn Schritt von einem Ende zum anderen messen und seine Federn acht Schritte lang seien. Marco Polo glaubte, daß diese Vögel Greife sein könnten, wie man sie auf Bildern sieht, halb Vögel und halb Löwe [...].* (K 286)

Die Geschichte vom Riesenvogel auf Madagaskar hat einen belegbaren Hintergrund. Noch im 19. Jahrhundert wurden auf der Insel Reste von Eierschalen einer ungewöhnlich großen Straußenart gefunden.

Die Rieseneier, von denen die Schalen stammten, hatten zwar nicht den von Seefahrer Sindbad angegebenen «Umfang [...], welcher fünfzig starke Schritte maß»[74], doch immerhin recht Respekt einflößende Abmessungen, «mehr als 35 cm lang, ihr Rauminhalt entsprach dem von [...] 140 Hühnereiern»[75].

Die Legende vom Vogel Ruch mag auf den madagassischen Riesenstrauß zurückgehen, der im 17. Jahrhundert ausstarb. Zeichnung von Johann Brandstetter

Ich [...] hob meinen Blick, scharf ausschauend, gen Himmel, wo ich nun einen riesigen Vogel von gewaltigem Leibesumfang und weitklafternden Schwingen daherschweben sah, der in seinem Fluge das Sonnenlicht über der Insel verfinsterte. Ich verwunderte mich hierüber noch mehr und gedachte dabei einer Geschichte, die ich vor langer Zeit einmal von Pilgern und Reisenden vernommen hatte, daß nämlich auf einer Insel ein riesiger Vogel, der Roch geheißen, lebte, der seine Jungen mit Elefanten atzen sollte.

Sindbad der Seefahrer, Geschichten aus Tausendundeiner Nacht. Leipzig 1964, S. 313

Gibt es in Marco Polos Erzählungen über *di Wunderwerk di man spricht von India* (T 59) auch immer wieder phantastische Paukenschläge, so überwiegt als Grundton doch die sachliche Information, die über das vordergründige Interesse von pragmatisch orientierten Reisenden – etwa Kaufleuten – hinausgeht. *Denkt stets daran: Messer Marco ist so lange in Indien gewesen und dermaßen vertraut mit der Lebensweise und den Sitten dort und kennt überdies den Handelsverkehr, daß kein Mensch fähiger wäre als er, die tatsächlichen Zustände zu schildern.* (272)

Die Expedition war bei ihrer Ankunft in Hormos in niederschmetternder Verfassung, *unterwegs sind fast alle gestorben* (24 f.). Doch waren die Prüfungen noch nicht vorüber. *Das Klima ist fürchterlich heiß,* klagt Polo auch weiterhin. (382)

Glücklicherweise gehörte zu den wenigen Überlebenden die mongolische Prinzessin Cocacin, die er zum Il-Khan zu bringen hatte. *Bei ihrer Ankunft im Lande Argons vernahmen sie, daß er [Khan Argon] gestorben sei. Die junge Dame überließen sie nun der Obhut seines Sohnes Casan.* (24) Der hier so knapp skizzierte Hergang lässt viele Fragen offen, die das Buch selbst nur zum Teil beantwortet. Auf die verwickelten dynastischen Kämpfe nach dem bereits 1291 erfolgten Tod von Argon – *es geht das Gerücht, er sei mit einem Trank vergiftet worden* (408) – geht der Text an dieser Stelle nur mit dem Hinweis ein, Il-Kahn Gaihatu, von dem die Reisenden mit *Goldtäfelchen* (25) als Passierscheinen versorgt wurden, habe lediglich als Regent über Argons Reich geherrscht.[76]

Marco Polo machte sich mit Cocacin, seinem Vater und seinem Onkel auf den Weg ins Innere Persiens; Vater Nicolao Polo muss inzwischen ein Mann von 70 Jahren gewesen sein. *Ich versichere euch, sie wurden beschützt von zweihundert Berittenen, oder auch mehr oder weniger, je nach Bedürfnis; so konnten sie unbehelligt von einem Gebiet ins andere reisen. [...] man kann es nicht genug betonen, was für hochgeschätzte Herren sie waren.* (25) Gaihatu, ein jüngerer Bruder des verstorbenen Argon, war nicht der legitime Herrscher. Er wurde im April 1295 ermordet. (Pe 816) Die im Persien jener Jahre herrschenden Thronwirren betrafen die für die Sicherheit unserer Reisenden nötigen Vorkehrungen in sehr direkter Weise: *Das Volk scheute sich nämlich weniger, Unrechtes zu tun, als wenn ein legaler Herrscher an der Spitze gewesen wäre.* (25) Die Zeiten, da die Polos unter dem sicheren Schirm der Pax mongolica reisen konnten, waren vorüber.

Der Text geht, wenn auch nur kurz, noch einmal auf das Schicksal Cocacins ein. *Wohlbehalten haben sie ihr Reiseziel erreicht. Cocacin wurde die Gattin Casans, der damals an der Regierung war. Cocacin und Casan hatten die drei Polos herzlich gern [...]. Und als die drei die Heimreise antraten, da weinte die Königin vor Traurigkeit.* (26) Die Mongolin, bei der Abreise aus China siebzehnjährig, starb bereits 1296. Im Jahr zuvor war Casan durch Ermordung des inzwischen (nach einer Rebellion gegen Gaihatu) für fünf Monate regierenden Khans Baidu an die Macht gelangt; er war bei seiner Thronbesteigung 24 Jahre alt. (Pe 816, 120)

In der gedrängten Schilderung der Reise, die im Prolog der auf Rustichello zurückgehenden Textfassungen geliefert wird, heißt es, *Reiseziel* (26) der Gesandtschaft mit der Braut Cocacin sei Casans Feldlager in Nordpersien gewesen. Die anschließende Heimreise nach Venedig wird in einem halben Absatz erzählt: *Sie ritten Tag für Tag bis nach Trepesonde*[77]; *von dort gelangten sie nach Konstantinopel, dann nach Negreponte*[78] *und schließlich nach Venedig. Das war im Jahre 1295 nach Christi Geburt.* (26)

Eine weit ausführlichere Schilderung der Heimkehr unserer Reisenden geht auf einen Autor zurück, der neben dem weltlich-höfischen Autor Rustichello und dem gelehrten Mönch Pipino wohl die radikalsten Striche an dem von Marco Polo überkommenen Bild angebracht hat. Der venezianische Diplomat Giovanni Battista Ramusio hinterließ als Lebenswerk eine dreibändige Sammlung von Berichten berühmter Reisender mit dem Titel «Navigationi et Viaggi». Der 2. Band des Sammelwerkes, in dem die Polo-Reise enthalten ist, wurde 1559 veröffentlicht, zwei Jahre nach Ramusios Tod. Das Vorwort zu seiner Darstellung der Polo-Reise enthält so viele Angaben zu Lebensumständen des Reisenden, dass Yule ihn Marco

Polos «frühesten Biographen» genannt hat (Y 2). Für seine Schilderung der Heimkehr der drei Polos nach Venedig beruft sich Ramusio auf einen «sehr alten Edelmann» aus Venedig, einen «Senator von erhabener Tugend und Redlichkeit», von dem er die Geschichte als junger Mann gehört habe. Dieser Zeuge, Gasparo Malipiero, sei in eben jener Gegend Venedigs wohnhaft gewesen, in der sich auch das Anwesen der Familie Polo⁷⁹ befand; Malipiero habe die Geschichte «von seinem Vater und Großvater und von einigen anderen alten Männern seiner Nachbarschaft» gehört.⁸⁰

Nach dieser mündlichen Überlieferung hat sich die Heimkehr, die im Augenblick der Niederschrift durch Ramusio immerhin schon ein Vierteljahrtausend zurücklag, wie folgt zugetragen: Die drei Polos, von der Reise ermüdet und in ärmlich wirkender Kleidung, die wie ihre Sprache eher an die von Tataren als von Venezianern erinnert habe, seien bei ihrem Einzug in Venedig von niemandem er-

Giovanni Battista Ramusio (1485 – 1557). Nach einer Medaille in Sepia ausgeführte Zeichnung.
Für Ramusio, den Venezianer, rangiert die entdeckerische Leistung seines Landsmannes Polo noch vor der des Genuesen Kolumbus.

kannt worden. Ihr Haus sei von Verwandten bewohnt gewesen, die ihnen zunächst den Eintritt verweigerten, da sie die Reisenden längst für tot hielten: Es sei ihnen ergangen wie Odysseus bei der Heimkehr von Troja nach Ithaka. Da seien die drei, um sich zu legitimieren, auf eine List verfallen. Sie hätten zahlreiche Verwandte zu einer Festlichkeit in ihr Haus geladen, bei der sie selbst mehrfach die Kleidung wechselten, die abgelegten kostbaren Gewänder jeweils unter die Diener verteilend.⁸¹

Bei ihrer Rückkehr nach Venedig wurden die drei Polos noch nicht einmal von den Verwandten erkannt, die inzwischen ihr Haus bewohnten. Man glaubte ihnen ihre Herkunft erst, als sie die von der Reise mitgebrachten Schätze vorzeigten.

Nach dem Essen seien sie schließlich ganz gewöhnlich gekleidet gewesen, wie ihre Gäste. Daraufhin seien die Diener aus dem Saal gewiesen worden. «M[esser] Marco, als der jüngste [der drei], stand vom Tisch auf, ging in eines der Zimmer und brachte die drei schäbigen Kleider herbei, die sie getragen hatten, als sie zu Hause ankamen. Mit scharfen Messern begannen sie einige Säume aufzutrennen, und hervor kamen kostbarste Geschmeide in großer Zahl, als da sind Rubine, Saphire, Karfunkel, Diamanten und Smaragde. [...] Da erst glaubte man ihnen und erwies den Dreien alle denkbare Zuneigung und Hochachtung. [...] die Jugend kam jeden Tag, den höchst wohl gesitteten und gütigen M[esser] Marco zu besuchen, sich mit ihm zu unterhalten und ihm über Catai und den Khan Fragen zu stellen, die er mit solch ausgesuchter Güte und Höflichkeit beantwortete, dass sich alle in gewissem Sinn als seine Schuldner fühlten.»[82]

In den auf Ramusio zurückgehenden Fassungen des Abschieds von Kublai erhält der Khan von den drei Venezianern, seinen Gesandten, sie mit viel leutseliger Freundlichkeit seiner Hochachtung versichernd, *das Versprechen, sie würden, nachdem sie einige Zeit in Europa und mit ihrer Familie verbracht hätten, wieder zu ihm zurückkehren. Mit diesem Ziel im Auge veranlasste er, dass man sie mit der goldenen Tafel versah [...].* (W 20) Anders als in anderen Textfassungen ist hier die Zusicherung ihrer Rückkehr eindeutig Bedingung für das Ziehenlassen der Venezianer. Dass sie die Zusage schließlich nicht einhalten, bedarf daher – soll nicht der Vorwurf des Wortbruchs aufkommen – einer Begründung, und der Ramusio-Text liefert sie: *Im Verlauf ihrer Reise [durch Persien] erhielten sie die Nachricht, Kublai habe dieses Leben verlassen[83]; das bereitete allen Vorstellungen ein Ende, jene Regionen abermals aufzusuchen. Sie folgten daher der geplanten Reiseroute und kamen [...] endlich in Venedig an, das sie sicher und gesund, mit Reichtum wohlversehen, im Jahr 1295 erreichten.* (W 22) So endete die größte Entdeckungsreise des 13. Jahrhunderts, wie sie knapp ein Vierteljahrhundert zuvor begonnen hatte: als Seereise. *Bis in alle Einzelheiten seid ihr jetzt unterrichtet, und wir wollen von etwas anderem reden [...].* (222)

# Bis zum Ende ein Seeheld

*Der Großkhan ist – ich wiederhole es immer wieder – ein weiser, weitsichtiger Mensch, der allergeschickteste Herrscher über Völker und Reiche.* (130) Es muss dahingestellt bleiben, ob die Nachricht von Kublais Tod die Polos tatsächlich schon während ihrer Rückreise erreichte. In einigen Textvarianten wird er noch immer als *der heute regierende Großkhan* (113) gefeiert. Tatsache ist, dass nach Rückkehr der Polos ins heimatliche Venedig Kublais *Botschaft an den Papst, die Könige von Frankreich und Spanien und an alle anderen Könige der Christenheit* (24) mit keinem Wort mehr erwähnt wird. Aus den *drei Gesandten* (26) des mächtigen Herrschers waren im Handumdrehen wieder die venezianischen Kaufleute Maffeo, Nicolao und Marco Polo geworden.

Gleichzeitig fand eine andere Verwandlung statt. Dem «höchst wohl gesitteten und gütigen M[esser] Marco», den Venedigs Jugend in Scharen aufsuchte, um ihm «über Catai und den Khan Fragen zu stellen», gaben eben jene Besucher den Beinamen «Marco Milione»[84]. Aus dem Bewunderten wurde ein Verlachter; Staunen über das Gehörte wich der Skepsis, ja beißendem Spott. Im Hohn über die Nachrichten, die sie von dem Weitgereisten vernahmen, äußerte sich die hilflose Ungläubigkeit der Daheimgebliebenen: Was sie sich nicht vorstellen konnten, gaben sie dem Gelächter preis. Möglich auch, dass der Spott eine Warnung vor Schlimmerem sein sollte. Denn leistete, was der Heimkehrer zu berichten wusste, nicht offen der Ketzerei Vorschub? Erzählte er nicht bewundernd von *den großen Taten* (126) eines heidnischen Kaisers, der zwar angeblich die Absicht bekundet hatte, zum Christentum überzutreten, dann aber bis zu seinem Tod ein Heide geblieben war? Sagte Messer Milione nicht seinen frommen Landsleuten, dieser Götzenanbeter sei *der mächtigste Herrscher der Welt [...], seit Adams Zeiten bis in unsere Tage hat es nie einen größeren und reicheren gegeben [...], er [ließe] Gerechtigkeit walten [...] in seinem Riesen-*

Der Großkhan verteilt in der Stadt Canbaluc Almosen unter die Armen. Auch hier wie in anderen illustrierten Marco-Polo-Handschriften sind Kleidung und Architektur europäisch geprägt.

reich (119)? Und seine Hauptstadt sei *großartig und mit keiner andern Stadt zu vergleichen* (153), er ließe *in Zeiten, da es an Getreide mangelt und Hunger droht, [...] die wohlbestellten Speicher öffnen. [...] Dank der Vorsorge des Großkhans leidet keiner seiner Untertanen Hunger* (164)? Die Inquisitionsgerichte des Heiligen Amtes zur Bekämpfung der Häresie, in der zweiten Hälfte des 13. Jahrhunderts überall im Einflussbereich der römischen Kirche im Entstehen begriffen, hatten da schon wegen geringfügigerer Dinge zugegriffen. Warum sollten sie bei Äußerungen wie dieser untätig bleiben: *Stellt euch vor: ein mächtiger Löwe wird vor den Großkhan geführt. Sobald der Löwe den Kaiser erblickt, fällt er vor ihm nieder, macht Zeichen der Verehrung und Hochachtung, derart, wie wenn er ihn als Herrscher und Herrn anerkennen würde. Ohne Ketten verharrt er vor dem Kaiser. Ist das nicht höchst erstaunlich?* (143) Bedenklich war auch, was Polo zum Buddhismus sagte. Unschwer lässt sich ausmalen, dass seine mündlichen Berichte sich nur wenig von dem unterscheiden, was später in Schriftform unter seinem Namen verbreitet wurde.

Venedig hatte sich jahrzehntelang der Einführung der Inquisition zu entziehen vermocht. Allein die Tatsache des Tätigwerdens jenes Gerichts unter Vorsitz des päpstlichen Nuntius stellte eine beträchtliche Einschränkung der Souveränität der Stadtrepublik dar. Die Serenissima «widerstand den Bullen von zehn Päpsten» (Da I, 331). Doch war während der langen Abwesenheit der Polos die Zeit nicht stehen geblieben. In einem 1289 zwischen Venedig und dem Heiligen Stuhl abgeschlossenen Konkordat musste die Republik die Einführung der Inquisition in all ihren Territorien hinnehmen.

In diesem Licht erscheint das Schweigen Marco Polos nach seiner euphorischen Mitteilsamkeit unmittelbar im Anschluss an die Heimkehr als ein Verstummen. Nimmt man an, Marco Polo habe während der ersten drei Jahre nach seiner Rückkehr selbst einen Bericht über seine Reise verfasst, so liegt möglicherweise hierin die Ursache, dass die Öffentlichkeit ihn nicht sah, nicht einmal in Bruchstücken. Schwieg Marco Polo aus Opportunismus oder schwieg er aus Angst? Wurde er denunziert? Gab man ihm daraufhin eine deutliche Mahnung? Wir wissen es nicht. Vielleicht genügte auch schon der Hinweis, man könne auch anders – falls ihm der Spottname Marco Milione noch nicht genug sei. Marco Polos Schweigen dauerte drei Jahre. Dann trat ein Ereignis ein, in dem die Karten für ihn neu gemischt wurden.

Der Jahrhundertkrieg zwischen Venedig und Genua hatte 1291 mit der Einnahme von Akko durch die Mamelucken den jüngsten Wendepunkt erlebt. Das Ende des Kreuzfahrerstaates verschob den Schwerpunkt der Handelsbeziehungen nach Norden; der Umstand, dass die drei Polos ihren Heimweg über Trabzon und nicht über Palästina genommen hatten, war bereits Ausdruck dieser Verschiebung. Das Schwarze Meer und selbst die Adria, die Venedig allzu gern als den eigenen Vorgarten ansah, wo dem Rivalen Genua keinerlei Rechte zustanden, waren in den neunziger Jahren die Austragungsorte der Rivalität zwischen den beiden Seestädten. 1296 stießen venezianische Galeeren bis Kaffa auf der Krim vor und zerstörten die dort – in Konkurrenz zum venezianisch beherrschten Sudak – gegründete Niederlassung genuesischer Kaufleute.

Zwei Jahre später nahm Genua Rache für diese Niederlage. «Sechsundsechzig Galeeren [...] unter dem Kommando von Lamba Doria kamen, Venedig in jenem Meer anzugreifen, für dessen Souverän es sich hielt.» (Da II, 15) Plündernd erreichte die Streitmacht die Insel Korčula vor der dalmatinischen Küste, jenen Ort, der sich heute bemüht, als Marco Polos Geburtsplatz zu gelten.

Eine venezianische Flotte unter Andrea Dandolo stellte die genuesischen Schiffe vor Korčula zur Schlacht. Marco Polo befehligte eine der venezianischen Galeeren. Sein Ruhm als Seefahrer war fest begründet: Allein der Umstand, dass er eine Schiffsflottille aus dem fernen Reich des Großkhans bis nach Hormos geführt hatte, prädestinierte ihn für den Posten als Schiffskommandant, zumal bei Gefahr für die Republik im Verzug. Da spielte es keine Rolle, was man von seinen Erzählungen über das Reich Kublais hielt.

Als sich die Flotten am Morgen des 7. September 1298 formierten, waren die Genuesen den Venezianern zahlenmäßig leicht unterlegen. Das hinderte Lamba Doria nicht, «fünfzehn seiner Schiffe abzukommandieren, um den Venezianern den Wind zu nehmen und sich erst später auf sie zu stürzen. Mit dem Rest zögerte er nicht, den Kampf zu eröffnen». Dorias List «entschied den Sieg. Niemals gab es einen vollständigeren. Das Feuer ergriff und verzehrte augenblicklich fast die gesamte venezianische Flotte; nur zwölf Schiffen gelang es zu entkommen, fünfundsechzig verbrannten, achtzehn fielen in die Hände des Siegers» (Da II, 15 f.), zusammen mit 7000 Gefangenen, die – «wie es den Anschein hat, in Ketten» (Y 48) – im Triumph nach Genua verbracht wurden.

Einer der Gefangenen war Marco Polo. Er blieb bis nach dem am 25. Mai 1299 abgeschlossenen Frieden von Mailand in genuesischem Gewahrsam. Wir erfahren von seinem Schicksal im Zusammenhang mit der Seeschlacht von Korčula nicht etwa durch venezianische oder genuesische Flottenarchive, sondern aus seinem Reisebuch in der Version des Rustichello. In dessen einleitendem Kapitel heißt es von Marco Polo: *[...] im Jahre 1298 nach Christi Geburt, als er zusammen mit Messer Rusticiaus im selben Gefängnis zu Genua saß, bat er diesen, alles aufzuschreiben, was er ihm erzähle.* (8)

Nach der landläufigen Vorstellung hat Marco Polo die Geschichte seiner Reise im Gefängnis zu Genua einem Mitgefangenen diktiert, dem Pisaner Rustichello.
Bis heute ist umstritten, ob sein «Buch der Wunder» in der Urfassung tatsächlich auf diese Weise entstanden ist. Historisierende Zeichnung von Sir Henry Yule

Hier wird der (vorgebliche? historische?) Hintergrund seiner Entstehung zur generellen Legitimation des ganzen Buches über Polos große Reise in die Länder des Ostens genutzt. Ob es sich mit der Niederschrift des Berichts wirklich so verhalten hat, wie Rustichello behauptet, wissen wir nicht.

Die Geschichte von Marco Polos Gefangennahme in einer Seeschlacht mit der genuesischen Flotte ist auch anders geschildert worden. Wieder ist der Dominikanermönch Jacopo, der mit seinem Buch «Imago Mundi» schon als Zeuge für Polos Sterbeszene in Erscheinung trat, die Bezugsperson. Er behauptet in besagtem Werk: «Im Jahre des Herrn 1296, in der Zeit des Papstes Bonifatius VI., [...] wurde zwischen 15 Galeeren genuesischer Kaufleute und 25 venezianischen Kauffahrteischiffen in Armenien eine Schlacht ausgefochten, bei einem Ort namens Layas[85]; nach einem großartigen Kampf wurden die Galeeren der Venezianer geschlagen und die Besatzungen alle getötet oder gefangen genommen; und mit ihnen geriet Messer Marco der Venezianer in Gefangenschaft, der zu diesen Kauffahrern gehörte, und der Milono genannt wurde. [...] So wurde also dieser Messer Marco Milono, der Venezianer, mit den anderen venezianischen Gefangenen nach Genua ins Gefängnis gebracht, wo er für lange Zeit gefangen gehalten wurde. Dieser Messer Marco war lange mit seinem Vater und Onkel in der Tartarei gewesen [...].» (Y 54).

Die Schlacht bei Ayas hat wirklich stattgefunden, allerdings bereits im Jahre 1294; da war Marco Polo noch auf dem Heimweg. Der Schlüssel für den Irrtum liegt abermals bei der Nachlässigkeit des Kopisten; im selben Zitat ist nicht Papst Bonifatius VI. gemeint, sondern der achte Papst dieses Namens; da wird – in römischen Zahlen – aus MCCLXXXXIV schon mal MCCLXXXXVI. (Y 54)

Rustichello machte aus dem Bericht Marco Polos ein populäres Buch. Bei ihm ist die Geschichte von Polos Lebens-Reise in erzählerisch-biographischer Verschlüsselung des eigenen Hörerlebnisses zu vernehmen, dargeboten mit Techniken zeitgenössischen epischen Handwerks. Da eine 1824 von der Französischen Geographischen Gesellschaft besorgte Edition der Version Rustichellos – trotz ihr anhaftender Mängel hinsichtlich der Texttreue – am Anfang einer weiten Verbreitung des Berichts Marco Polos in vielen Ländern Europas stand, wird der Rustichello-Polo bis in unsere Tage vielfach schlechthin als das Buch des Marco Polo angesehen. Doch warnt in einer der jüngsten Kontroversen der philologischen Marco-Polo-Forschung die Mainzer Romanistin Barbara Wehr: «Es ist noch die Frage, ob es sich [bei dem Diktat im Gefängnis von Genua] um die historische Wahrheit oder um eine Erdichtung des Rusticien handelt. [...] Das Buch Marco Polos ist ein ‹Schlüsseltext› für den venezianischen Handel: er spricht dort von den Reichtümern ferner Regionen und macht genaue Angaben, wie man dort hinkommt. Müssen wir glauben, er hätte diesen Text, der für den Handel Venedigs von höchster Wichtigkeit ist, inmitten der Todfeinde der Venezianer, der Genuesen, diktiert?» Vergleichende Textana-

lysen führen die Autorin zu dem Schluss, «daß Rusticien ein italienischer Text vorlag, den er übersetzt und verändert hat, ohne diejenigen Eigennamen und exotischen Wörter anzutasten, für die es kein französisches Äquivalent gab. Wenn dieses Argument zutrifft, hat Rusticien über die Entstehung des Textes nicht die Wahrheit gesagt.»[86]

Über die Lebensumstände des Ghostwriters Rustichello liegt wenig Gesichertes vor. Unbekannt ist, wann und aus welchem Anlass er in genuesische Gefangenschaft geriet und wie lange er festgehalten wurde.[87] Er gehörte als höfischer Dichter offenbar zum Freundeskreis des Kreuzfahrers und späteren englischen Königs Eduard I. und hat u. a. einen Ritterroman hinterlassen, eine Kompilation aus Geschichten um König Artus und die Ritter der Tafelrunde: «[...] den frühesten Artusroman in Italien, den ‹Meliadus›, der, in französischer Sprache geschrieben, nur als Fragment existiert. Seine beiden Hauptteile wurden schon früh als ‹Girone il Cortese› und ‹Il gran re Meliadus› ins Italienische übersetzt.»[88]

Der Artus-Stoff, insbesondere die Suche nach dem Heiligen Gral, bewegte damals in Verbindung mit den Kreuzzügen

König Artus' letzte Schlacht. Viele Polo-Forscher nehmen an, dass Rustichello bei der dramatischen Ausgestaltung des Reiseberichtes Marco Polos auf Motive aus den Artus-Epen zurückgriff.

Europas Leserschaft. Die schriftliche Fixierung war noch im Gange. Der neue Ort der Bewährung für gottesfürchtige Ritter, die den um Artus versammelten Helden nacheiferten, lag im Morgenland. Die Kunde davon, wie sie dort mit Kriegern des Mameluckenführers und ägyptischen Sultans Baibars um den Besitz des alten Weltzentrums Jerusalem und um das Heilige Grab fochten, klang in der Heimat nicht weniger legendär als die Mär von den Ruhmestaten der Artus-Ritter. Und da kannte Autor Rustichello sich aus.

Sein Meliadus-Roman beginnt schwungvoll: «Herren, Kaiser, Könige, Fürsten, Herzöge, Grafen, Barone, Ritter, Vicomtes, Bürger und alle tapferen Männer dieser Erde, die Ihr die Gabe und den Wunsch habt, Euch an Romanen zu ergötzen, nehmt dies Buch und lasst es Euch Kapitel für Kapitel vorlesen.»[89] Zweifel, ob vom Autor dieser Zeilen tatsächlich auch die Rustichello-Fassung des Buches von Marco Polo stammt, werden ausgeräumt, zieht man dessen Anfang zum Vergleich heran: *Kaiser, Könige und Fürsten, Ritter und Bürger – und ihr alle, ihr Wißbegierigen, die ihr die verschiedenen Rassen und die Mannigfaltigkeit der Länder dieser Welt kennenlernen wollt – nehmt dieses*

*Buch und laßt es euch vorlesen.* (7) Der erste Satz als Markenzeichen des Verfassers macht neben der Urheberschaft noch etwas anderes deutlich: Das Buch war nicht nur für Leser geschrieben. Vor der Erfindung des Buchdrucks und in einer Zeit weit verbreiteten Analphabetentums wandte es sich gleichermaßen an lesekundige Vorleser wie deren Zuhörer. Es war die Zeit fahrender Geschichtenerzähler und Sänger an fürstlichen Höfen wie auf städtischen Märkten; der angesprochene weite Kreis von Adressaten schließt alle dort anzutreffenden potenziellen Interessenten ein. Unnötig daran zu erinnern, dass jeder Vorleser den Text von einer Darbietung zur anderen durch Kürzen, Ausschmücken, Betonen immer wieder veränderte. Diese Teile der Polo-Geschichte sind für immer verloren.

Rustichello erkannte das epische Potenzial des Stoffes. In seinem Polo-Buch gibt es Parallelen zu einzelnen Aspekten von Legenden im Umfeld der Artus-Epen, die bisher wenig beachtet wurden und genauere Aufmerksamkeit verdienen. Der Sohn in einer Welt der Väter, die Entwicklung des jungen Marco vom Mitreisenden zum wichtigsten Handlungsträger und Mittelpunkt der Erzählung, das Rühmen der Khanresidenz Canbaluc, als sei es das Camelot der Tafelrunde, das Interesse für *Steinsucher* (68) im Quellgebiet des Amu-Darja, die Vorliebe für üppige Schlachtenschilderungen (die freilich mit dem eigentlichen Reisebericht wenig zu tun haben), der Frauendienst auf der langen Rückreise – all das scheint eine tiefere Affinität zu offenbaren, als es der Gleichklang der werbenden Anfangszeilen zunächst vermuten lässt. Unabhängig davon, wie viel Rustichello beim Schreiben zur Ausschmückung hinzugetan hat, dürfte es als Motiv mitgewirkt haben, als er sich des Marco-Polo-Stoffes annahm. Eine strukturelle Ähnlichkeit, auf die Pickford hinweist, soll nicht unerwähnt bleiben. Dieser Autor nennt Rustichellos Artus-Kompilation «ein konfuses Flickwerk aus Abenteuern, die ohne Bezug zur Chronologie erzählt werden»[90]. Ein Stoßseufzer, jedem Leser verständlich, der vergeblich versucht hat, in Marco Polos Reiseerzählung eindeutige Zeitbezüge zwischen Einzelereignissen herzustellen.

Auch erst nach Rustichello hinzugekommene Teile der Polo-Geschichte legen ein näheres Hinsehen beim Vergleich mit Artus- und vor allem mit Gral-Motiven nahe, etwa die im Ergebnis jahrzehntelanger Suche von den Reisenden heimgebrachten edlen Steine, die dann für die zunächst Verkannten in den Augen der Daheimgebliebenen auch prompt zum Ausweis der Identität werden: «Sie erkannten, dass dies in Wahrheit jene ehrenhaften und wertgeschätzten Edelmänner aus dem Hause Polo waren, woran sie zunächst gezweifelt hatten; und sie erwiesen ihnen größte Ehre und Hochachtung.»[91]

Ob Polo und Rustichello die Zeit, in der das gemeinsame Werk entstanden sein soll, tatsächlich *im selben Gefängnis zu Genua* (8) zugebracht haben oder ob in Genua, sobald die Bürger Kunde bekamen von «der wunderbaren Reise, die er [Polo] unternommen hatte, die ganze Stadt zusammenlief, um ihn zu sehen und mit ihm zu sprechen»[92], muss dahingestellt bleiben. Möglicherweise war der Hintergrund beim Entstehen des Buches mehr ein Ehrenarrest in einem genuesischen Patrizierhaus beim Warten auf das Lösegeld oder den Friedensschluss als «ein Labyrinth feuchter, niedriger und flach gedeckter Gänge, wo in Abständen verteilte Fackeln eher die Düsterkeit betonten, als Licht zu spenden»[93]. Und möglicherweise ist die Idee vom düsteren Kerker, zu dem das Gefängnis in Genua in der Vorstellung der Leser allmählich wurde, ebenso wenig zutreffend wie die landläufige Meinung, Polo sei dort durch «die lange Zeit der erzwungenen Muße» veranlasst worden, dem Mitgefangenen Rustichello «seine Erlebnisse […] zu diktieren» (K 336), und zwar «auf seine [Rustichellos] Veranlassung […] in französischer Sprache»[94]. Die Verwirrung wird komplett, zieht man hinzu, was der Altmeister des historischen Romans, der Romantiker Walter Scott, zur Person Rustichellos zu sagen hat. Scott, selbst ein intimer Kenner der Zusammenhänge zwischen Dichtung und Wahrheit, hat in seinem «Essay on Romance» den Pisaner selbst schlankweg zur Erfindung erklärt: «[…] jene Prosaschriftsteller, die unter den Phantasienamen [!] eines Rusticien de Pise, Robert de Borron und dergleichen schrieben, bemächtigten sich für gewöhnlich des Stoffes der alten Spielmannsdichtung; und indem sie – unter Zugabe von Figuren und Abenteuern – die ganze Erzählung nach ihrer eigenen Weise umgestalteten, tilgten sie jegliche Schattierung, die von der ursprünglichen und möglicherweise authentischen Überlieferung geblieben war.» (Y 58) Das lässt an Rustichello kein gutes Haar – weder an seinem Anspruch als Mitautor des Buchs von Marco Polo noch an seiner selbst gewählten Identität als Gefangener Genuas.

Bei der Niederschrift der heute verschollenen Urfassung seines Textes, unter welchen Umständen diese auch erfolgt sein mag, bediente sich Rustichello «eine[r] mittelalterliche[n] Form des Französischen» (Wo 71). Er «übertrug Marcos venezianischen Dialekt in das für derlei populäre Werke häufig benutzte Franco-Italienische» (Iw 4). Ob seine Niederschrift auf Polos mündlicher Erzählung oder auf einer bereits vorhandenen schriftlichen Quelle basiert, muss offen bleiben; in beiden Fällen ist die Rustichello-Fassung eine geglückte Fiktionalisierung des Stoffes, angelehnt an Motive der allgemein als bekannt vorauszusetzenden Artus-Legende, die in der für Romane der damaligen Zeit üblichen Sprache dargeboten wird. Der Ghostwriter wird in ihr «als Garant der Beschreibung installiert»[95].

In Altfranzösisch hat Rustichello auch seine Ritterromanzen verfasst; es wurde als literarische Lingua franca überall im Abendland verstanden und sicherte der Polo-Geschichte von vornherein eine weite Verbreitung. «Das wort romanz [...] bezeichnet gemäss seiner herkunft aus dem adverb romanice zunächst ein werk in romanischer sprache, im gegensatz zur lateinischen [...], dann besonders erzählende versdichtungen unterhaltender art, aber auch legenden, chroniken u. ä. Erst mit dem übergang dieser erzählungen in prosaform (romans en prose), seit beginn des 13. jahrhunderts, bekommt das wort allmählich seine moderne bedeutung.»[96]

Auf die Rolle der frühen Text-Varianten beim Entstehen späterer Manuskripte und Übersetzungen wird im Schlusskapitel eingegangen. Diese Zusammenhänge werden von der philologischen Polo-Forschung immer kritischer untersucht.

Verständlich ist die Forderung von Barbara Wehr, es sei «uner-
läßlich, mit einer neuen Prüfung der Manuskript-Tradition des
Buches von Marco Polo zu beginnen»[97].

Zwischen der in Mailand im Mai 1299 von Venedig und Genua
als Teil der Friedensbedingungen getroffenen Vereinbarung,
die Gefangenen frei zu lassen, bis zur abermaligen Heimkehr
Marco Polos nach Venedig vergingen mehrere Monate. Ob er
bei seiner Ankunft den Vater noch lebend antraf, ist unbekannt. Aus dem auf den 31. August 1300 datierten Testament
von Marcos Onkel Maffeo wissen wir, dass Nicolao Polo ein
Jahr nach Marcos Entlassung aus der Gefangenschaft nicht
mehr am Leben war. Über das Sterbejahr des dritten Fernost-
reisenden, Maffeo Polo, ist lediglich auszumachen, dass es «vor
1318 und nach dem Februar 1309 gewesen sein muss» (Y 66).

Irgendwann zu Beginn des neuen Jahrhunderts hat Marco
Polo geheiratet. Nichts ist über die Familie bekannt, aus der
seine Frau stammte, nur ihr Taufname Donata. Marco Polo
führte mit ihr ein Leben, das sich vermutlich wenig von dem
einer durchschnittlichen venezianischen Kaufmannsfamilie
unterschied. Der Ehe entstammten drei Töchter. Vater Marco
reiste, kaufte, verkaufte, und sobald er sich von einem Geschäftspartner übers Ohr gehauen fühlte, ging er vor Gericht.[98]
Fromm und gottesfürchtig starb er, als seine Zeit um war. Der
letzte Lebensabschnitt des Reisenden, aus dem nichts Nen-
nenswertes zu berichten ist – das Vierteljahrhundert nach der
Seeschlacht von Korčula und der anschließenden Gefangenschaft in Genua – dauerte ebenso lange wie die große Reise, die
er in jungen Jahren gemeinsam mit Vater und Onkel unternahm.

«Die Zeitpunkte, zu denen er sein Buch diktierte und sein Testament ausfertigte, haben sich als fast die einzigen unwider-
sprochenen Marksteine in seinem Lebenslauf erwiesen», behauptet Yule (Y 1). Bei all der Vorsicht, mit der das Diktieren des
Buchs als wirkliches («historisches») Ereignis anzusehen ist,
bleibt tatsächlich Marco Polos Testament vom 9. Januar 1324

Da es keine authentischen Polo-Porträts gibt, hat jede Epoche ein eigenes Bild des Marco Polo entwickelt.

Marco Polo. Frontispiz der ersten deutschen Ausgabe seiner Reisebeschreibung, der so genannten Gutenberg-Ausgabe.
Holzschnitt, 1477

Marco Polo. Ausschnitt aus dem Titelholzschnitt einer spanischen Ausgabe der Reisebeschreibung, 1503

Marco Polo.
Holzschnitt von
Sebastian Münster.
Basel 1544

Lithographie aus
dem 19. Jahrhundert,
die Marco Polo dar-
stellen soll.
Entstanden nach
einem Gemälde aus
dem 16. Jahrhundert

eine der wenigen im strengen Sinn gesicherten Quellen, aus der beim Nachzeichnen dieses Lebens geschöpft werden kann. *Ich, Marcus Paulus aus der Pfarre St. Chrysostomos, fühle mich durch körperliches Leiden mit jedem Tag schwächer werden, aber da ich durch die Gnade Gottes bei gesundem Verstand bin und meine Sinne wie meine Urteilskraft unbeeinträchtigt sind, habe ich nach Giovanni Giustiniani, Priester von St. Prokulus und Notar, schicken lassen und ihn gebeten, in gehöriger Form diesen meinen letzten Willen aufzusetzen.* (Y 71)[99] Zu Testamentsvollstreckern werden seine Frau Donata und die drei Töchter Fantina, Bellella und Moreta bestellt; die zu verteilenden Geldbeträge, über deren Wert selbst der sonst beim Spekulieren wenig zögerliche Yule in einer Fußnote sagt, er sei nur mit «Schwierigkeit zu schätzen» (Y 71), spiegeln offenbar keineswegs den Reichtum eines Mannes wider, den seine Landsleute einst wegen der mit Vater und Onkel aus Fernost mitgebrachten Schätze bewunderten. Erwähnenswert sind allenfalls zwei Beträge von je 20 Soldi: einmal für *das Kloster San Lorenzo, wo ich beigesetzt zu werden wünsche* (Y 71) und zum anderen für den Priester und Notar. Weit beträchtlichere Summen erhielten andere kirchliche Institutionen und Persönlichkeiten, einige weltliche Körperschaften, Familienmitglieder und *Peter der Tatare, mein Diener* (Y 72), dem Polo gleichzeitig die Freiheit schenkte. Es handelt sich hier nicht notwendig um einen Reisebegleiter Polos aus Fernost; vielmehr wird dieser Peter über die venezianischen Niederlassungen auf der Krim als Sklave in die Lagunenstadt gekommen sein wie zahlreiche andere Leidensgenossen mit ähnlichem Schicksal.

In der Klosterkirche San Lorenzo war schon Marcos Vater Nicolao zur letzten Ruhe gelegt worden. Die Kirche wurde 1592 von Grund auf renoviert, von den Grabstellen fehlt seither jede Spur. Das Testament Marco Polos, wiewohl in der Ich-Form aufgesetzt, trägt – obgleich der Schluss des Textes sie ankündigt – nicht die Unterschrift des Reisenden; die Signaturen zweier Zeugen und des Priester-Notars machten es gültig. So gibt es von Marco Polo weder einen Namenszug in seiner eigenen Handschrift noch eine Grabstelle, ja nicht einmal ein authentisches Porträt. Geblieben ist der Bericht von einer Reise, die Messer Marco nach Meinung der Skeptiker nie unternommen hat.

Bereits 1325 wurden von Polos Witwe Donata und den drei Töchtern Verfügungen über Marcos Nachlass getroffen, sodass 1324 als Todesjahr des Reisenden feststeht. In diesem Jahr machte sich ein anderer Reisender auf seinen Weg: Der einundzwanzigjährige Abu Abdallah Mohammed Ibn Battuta verließ seine Heimatstadt Tanger, um als Pilger die heiligen Stätten in Mekka aufzusuchen; nach mohammedanischer Zeitrechnung schrieb man das Jahr 750. Die Reise führte Ibn Battuta weit über das ursprüngliche Ziel hinaus und brachte ihn schließlich – ein halbes Jahrhundert nachdem Marco Polo China verlassen hatte – bis nach Peking.

Auch der Wahrheitsgehalt der Reiseberichte Ibn Battutas ist lange in Zweifel gezogen worden. Doch soll er nicht aus diesem Grund hier Erwähnung finden; vielmehr steht Ibn Battutas Name für die Kontinuität einer Entwicklung in der geographischen Entdeckungsgeschichte, die mit Marco Polos Bericht über China und andere Länder Asiens wenn nicht ihren Anfang genommen, so doch einen ersten Höhepunkt erreicht hatte.

Marco Polo ist, das kann nicht genug betont werden, weder als Asienreisender aus dem Mittelmeerraum noch als Führer einer Flotte chinesischer Dschunken auf Westkurs die einsame Einzelerscheinung, als die er oft gesehen wird. In päpstlichem Auftrag waren Gesandtschaften an den Hof des Großkhans sowohl vor ihm als auch nach ihm unterwegs; und Gesandte in umgekehrter Richtung schickte noch der letzte Kaiser der Yüan-Dynastie auf den Weg nach Europa. Marco und sein Vater sowie dessen Bruder Maffeo waren keineswegs die einzigen Gesandten eines Großkhans an den Papst und auch nicht die einzigen Europäer im Reich der Mitte jener Zeit; erinnert sei beispielsweise an jenen *Deutschen* (236), der ihnen angeblich bei der Einnahme von Xiangyang mit seinen Wurfmaschinen behilflich war. Selbst wenn die Geschichte von einer Beteiligung der Polos an diesem Ereignis aus Zeitgründen nicht zutreffen kann, überrascht doch die Selbstverständlich-

(Dimensions of Original, 26·4 inches by 9·4 inches)

SLIGHTLY REDUCED FROM A PHOTOGRAPH SPECIALLY TAKEN IN
St. MARK'S LIBRARY BY SIGNOR BERTANI.

to face page 70

Eine von wenigen sicheren Quellen zu Leben und Werk
des Marco Polo: sein Testament vom 9. Januar 1324

keit, mit welcher im Text in diesem Zusammenhang auf einen europäischen Handwerker *in ihrem Gefolge* (Y II, 159) hingewiesen wird. Die Einmaligkeit von Marco Polos Bedeutung liegt allein in der breiten Resonanz, die der Bericht von seinen Reisen erzeugt und in dem Beitrag, den sein Werk bei der Erweiterung des Weltbildes bewirkt hat.

Wie stark Polo, der Chinareisende, im Bewusstsein der Allgemeinheit als singuläre Gestalt dasteht, illustriert das Gerangel um die Echtheit eines anderen Reiseberichtes, das bis auf die Titelseite der «New York Times» brandete. Im August 1271 habe, «wenn der Geschichte geglaubt werden darf, ein viermastiges Schiff einen graubärtigen italienisch-jüdischen Kaufmann namens Jakob in den belebten Hafen von Zaitun in Südostchina gebracht [...], vier Jahre vor Marco Polo» [100]. Der Bericht des aus Ancona an der Adria stammenden Reisenden sei jüngst in Italien aufgetaucht, der britische Gelehrte David Selbourne habe ihn übersetzt und zur Herausgabe vorbereitet. Mr. Selbourne habe jedoch erklärt, «Einsichtnahme in das Manuskript und seine Publikation seien ihm nur unter der Bedingung gestattet worden, dass er anderen weder das Original zeige noch die Identität von dessen Eigentümer offenbare. Fragen nach der Authentizität scheinen damit unvermeidlich.» [101]

Und diese Fragen wurden auch prompt gestellt – nämlich von Akteuren der permanenten Polo-Diskussion. Frances Wood in London begrüßte die beabsichtigte Publikation als «phantastisch wichtig, weil wir so schrecklich wenig über diese Zeitspanne wissen» [102]; Yale-Professor Jonathan D. Spence [103] hingegen «griff das Manuskript als Fälschung an» [104], worauf ein amerikanischer Verlag – nachdem das Buch mittlerweile in London unter dem Titel «The City of Light» erschienen war – das Interesse verlor. Inzwischen ist es – in einem anderen Verlag – auch in den USA veröffentlicht worden. [105] Ein Brief aus China, nämlich «vom Direktor des Museums in Quanzhou, der feststellte, dass viele chinesische Gelehrte den Bericht für wahr hielten und der gleichzeitig darum bat, eine chinesische Ausgabe publizieren zu dürfen», habe schließlich das amerikanische Interesse erneut geweckt. [106]

Der Streit um die Echtheit des Jakob-Selbourne-Reports kann hier nicht entschieden werden; doch warum sollte im Jahr der Abreise Marco Polos aus Europa eigentlich nicht ein anderer Kaufmann von den Gestaden der Adria bis nach Quanzhou gekommen sein, war der Ort doch *einer der zwei größten Handelshäfen der Welt [...], wo die Schiffe aus Indien vor Anker gehen [...], immer voll beladen mit kostbaren Gütern* (269), wie der Venezianer wenig später bezeugt.

Der Erzählung des Jakob aus Ancona kann allerdings, selbst wenn sie als Buch ihren Weg macht, nicht die von Marco Polo vermittelten Reiseeindrücke aus dem Innern Chinas bieten. Jakob hat nur den Hafen von Quanzhou/Zaiton besucht, den er nach einem halben Jahr fluchtartig wieder verlassen musste. Die Stadt, bei seiner Ankunft noch im Besitz der Sung, stand kurz vor ihrer Eroberung durch die Krieger Kublais. Und obwohl er von Schießpulver, absichtsvoll verkrüppelten Frauenfüßen und, last but not least, Tee zu berichten weiß, fehlt diesem Zeugnis einer sich weitenden europäischen Weltsicht im 13. Jahrhundert – so es denn authentisch ist – das Entscheidende an Marco Polos Erfolg: die 700 Jahre, in denen der Bericht des Venezianers schon wirksam gewesen ist. Die Frage nach Wahrheit und Authentizität – Marco Polo zeigt es – ist für ein solches Wirksamwerden von untergeordneter Bedeutung.

Die Franziskanermission bei den «Tataren», von Carpini und Rubruk begonnen, erfuhr noch zu Lebzeiten Marco Polos eine Fortsetzung. Im Jahre 1291 – der Venezianer war eben im Begriff, von China in die Heimat aufzubrechen – «verließ Bruder Johannes vom Orden der Minoriten Tauris [Täbris; damals Residenz der Il-Khane] in Persien und gelangte nach Indien»[107] und von dort nach China. Er baute in Peking eine Kirche; als Erzbischof der dortigen Gemeinde rühmt er sich in Briefen an seinen Orden beachtlicher Tauferfolge, beklagt jedoch auch, es sei ihm nicht gelungen, den alten Traum von der Bekehrung des Großkhans zum Christentum Wahrheit werden zu lassen, da der Herrscher «zu sehr in seiner Götzenanbetung befangen ist»[108]. Johannes, nach seinem Heimatort bei Salerno in Süditalien «Montecorvino» genannt, hat in einem Fall venezianische Kaufleute als Überbringer seiner nach Italien adressierten Epistel benutzt. Schon auf seiner Hinreise war er Zeuge ständig intensiver werdender Handelskontakte Europas mit dem Fernen Osten. (Wo 23) Als einen später in China zu ihm gestoßenen geistlichen Helfer nennt Montecorvino «Bruder Arnold, einen Deutschen aus Köln»[109]. Unter seinen Mitstreitern ist ferner Odoric von Pordenone zu erwähnen, der drei Jahre in Peking blieb. Er starb 1331 in Pisa, während seiner Rückreise zum Papst nach Avignon. Von ihm ist ein lesenswerter Reisebericht erhalten.

Johannes von Montecorvino starb 1328. Er ist nicht nach Europa zurückgekehrt. Erst das Ende der Mongolenherrschaft in China (1368) führte zum Niedergang des auch nach seinem Tod fortgesetzten Missionswerkes mit Kirchen in Peking, der bedeutenden Hafenstadt Quanzhou[110] und an anderen Orten. In der ersten Hälfte des 14. Jahrhunderts fanden die Erfahrungen europäischer – vor allem italienischer – Kaufleute aus den Handelsbeziehungen mit Fernost eigenständigen schriftlichen Niederschlag. Zu nennen ist hier vor allem das viel benutzte Handbuch «Pratica della Mercatura» des Florentiners Francesco Balducci Pegolotti. Nach 1368 und dem Ende der Mongolenherrschaft in China litt unter den stark betonten nationalistischen Zügen in der Politik der Ming-Dynastie auch der bislang praktizierte offene Handel des Landes. «Der Zeit weltweiter Beziehungen folgte eine zunehmende Fremdenfeindlichkeit und Abschließungspolitik.» (Kr 210)

Pegolotti hat für das Florentiner Bank- und Handelshaus Bardi gearbeitet, und zwar «in Antwerpen, London, Zypern und Ayas, gelangte jedoch nie weiter in den Osten als bis ins Heilige Land. Offensichtlich verstand er sich aber darauf, sich durch Gespräche mit Leuten, die den Fernen Osten bereist hatten, ein detailliertes Bild über die Reise dorthin zu verschaffen.» (Wo 23) Wood ruft den florentinischen Autor, der «sein Handbuch in der häuslichen Stube verfasste» (Wo 24), als ihren wichtigsten Zeugen dafür an, dass auch Marco Polo die Angaben über China, die sein Buch füllen, als Informationen aus zweiter Hand (Wo 208) erlangt haben kann. Doch räumt die Autorin immerhin ein, Polos Text sei ein «wertvolles Zeugnis, auch wenn es sich hier nicht um einen Augenzeugenbericht handelt» (Wo 209).

Die Organisatoren einer Veranstaltung im dalmatinischen Korčula gingen da mit der Frage nach Polos Authentizität bedeutend resoluter um. Seit dem Kampf der Genuesen gegen die Venezianer im Peljesac-Kanal des Archipels waren exakt 700 Jahre vergangen, als am 7. September 1998 jene historische Seeschlacht mit mehr als 20 Segelbooten und Motorschiffen nachgestellt wurde. Marco Polo, dessen seemännisches Können im Vordergrund des Interesses stand, wurde von Schauspieler Tonči Petković dargestellt. Nach seiner Überwindung und Gefangennahme durch «genuesische» Teilnehmer der Show wurde Polo/Petković mit der Besatzung der von ihm befehligten «venezianischen Galeere» zum Gefängnisturm geleitet und in Ketten gelegt.

Insgesamt dauerte die Feier der Wiederkehr der Schlacht von Korčula zwei Wochen. Mit wissenschaftlichen Symposien und Festbanketten wurde das Ereignis gewürdigt. Und selbstbewusst stellt der Chronist der Veranstaltung fest: «Wenn die Schlacht von Korčula nicht stattgefunden hätte, wäre die stürmische und aufregende Biographie Marco Polos möglicherweise niemals geschrieben worden. Das Meisterwerk der Abenteuer- und Reiseliteratur wäre unbekannt geblieben!»[III]

Es ist zwar nicht ganz zutreffend, jenen einzigartigen «Reisebericht mit stellenweise literarischem Anspruch» (446), der auf Marco Polo zurückgeht, des Venezianers «aufregende Biographie» zu nennen, doch was soll Beckmesserei. Jede Zeit hat sich ihren eigenen Messer Milione geschaffen. Das Schreibabenteuer Marco Polo geht mittlerweile in sein achtes Jahrhundert.

# Das Buch von den Wundern

Unter den handschriftlichen Quellen zu Polos Buch lassen sich sechs Manuskriptgruppen erkennen. Etwa 20 Handschriften gehören zur «F» genannten Gruppe in Altfranzösisch («durch den Tonfall Rustichellos da Pisa geprägt»[112], auch franko-italienische Manuskripte genannt und lange als «Grundlage aller Textvergleichung sowie der Marco Polo-Forschung überhaupt»[113] angesehen). Daraus durch Übertragung in ein moderner werdendes Französisch entstanden (und zwar noch zu Lebzeiten Polos oder bald danach) sind die als «FG» bezeichneten etwa 15 Handschriften, zum Teil sehr reich illustrierte Manuskripte, deren Prachtentfaltung das Bemühen damaliger europäischer Hof- und Adelskreise zum Ausdruck bringt, «eigenen Kenntnisreichtum von den Wundern der Welt glanzvoll darzustellen und sich diese Wunder damit gleichsam als Wissensschatz anzueignen»[114]. Repräsentanten dieser Gruppe sind das in der Bibliothèque Nationale in Paris aufbewahrte «Livre des Merveilles» und der Oxforder Codex Bodley 264.

Ebenfalls auf F-Manuskripten basieren die der Gruppe alttoskanischer Übersetzungen («TA») angehörenden fünf Handschriften. Sie lassen die auf Rustichello zurückgehenden Anredefloskeln an die Adresse des Lesers weg, auch manche Detailbeschreibung und einen Teil der seitenfüllenden Schlachtberichte. Diese Linie der Manuskripttradition hat den Titel «Il Milione» eingeführt, der in Italien noch heute (nicht nur für das Buch, sondern auch für die Person Marco Polos) üblich ist.

In sechs Handschriften – teilweise nur in Fragmenten – überliefert ist «VA», die venezianische Manuskriptgruppe. Von Benedetto ist als Quelle für die VA-Versionen («die weitaus fruchtbarste Bearbeitung»[115]) «eine verlorene französische Handschrift»[116] postuliert worden. Ein Fragment der ältesten Handschrift dieser Gruppe, VA-1, befindet sich in der Biblioteca

«Le Livre de marc paul et des merveilles». Frontispiz des als MS fr 2810 in der Bibliothèque Nationale de France, Paris, aufbewahrten Polo-Manuskripts

Casatanense in Rom. «Der Text ist im Dialekt des Veneto der Terra Ferma geschrieben und [...] auf den Anfang des 14. Jhs. datiert [...], also möglicherweise noch zu Lebzeiten Marco Polos geschrieben worden.»[117] Aufgrund von Textvergleichen vermutet Wehr, «es könnte sein, daß ‹F›, die Fassung Rusticianos da Pisa, einen dem Fragment nahestehenden Text als Vorlage benutzte»[118].

Wichtigste Konsequenz dieser Auffassung wäre die Notwendigkeit einer Neubewertung der Rolle von Pipinos Bearbeitung (P), der bei weitem am stärksten vertretenen Manuskriptvariante (über 50 Handschriften). Bisher wurde – aufgrund des Hinweises von Pipino, er habe «aus der Volkssprache ins Lateinische» (P 5) übersetzt – angenommen, der Mönch habe sich einer Version des VA-Stranges als Vorlage bedient. Die Unterschiede sind jedoch so gravierend – bei Pipino fehlt zum Beispiel die einleitende Erzählung vom Diktat im Gefängnis –, dass Wehr nach eingehenden Untersuchungen feststellt:

«Pipinos Übersetzung des Buchs von Marco Polo enthält, soweit ich sehe, weder Gallizismen noch Spuren des ‹Rusticiano-Strangs›. Seine Vorlage muß ein Text gewesen sein, in den Rusticiano da Pisa sich noch nicht eingemischt hatte; [...] Die venezianische Vorlage Pipinos kann der Urtext von der Hand Marco Polos gewesen sein.» [119] Mit anderen Worten: Es gibt möglicherweise einen – bisher unbekannten – venezianischen Text ohne die Merkmale der VA-Gruppe. Sollte sich diese Vermutung bewahrheiten, so kommt Pipino in der Folge der Polo-Bearbeiter größere Bedeutung zu als bisher angenommen. Auf Pipinos Text beruhen frühe Übersetzungen in mehrere europäische Sprachen, auch die Einteilung in drei Kapitel geht auf diese Fassung zurück. Insgesamt gibt der Pipino-Text ein abgeschlosseneres Bild von Polos Reise als die mit der Schilderung aktueller Machtkämpfe unter den Il-Khanen abbrechende, offenbar unvollendet gebliebene Fassung Rustichellos. In diesem Sinn darf man auf die von Barbara Wehr geforderte neue Prüfung der Manuskripttradition gespannt sein.

Eine weitere mittellateinische Textfassung wird nach dem früheren Besitzer einer Manuskriptkopie, dem Kardinal Francisco Javier de Zelada, mit «Z» bezeichnet. Als L. F. Benedetto 1928 seine Übersicht veröffentlichte, lag ihm nur diese Kopie vor; die Vorlage wurde erst 1933 in Toledo wieder entdeckt. Z ist von Pipinos Text unabhängig und älter als dieser; Ramusio hat beide Varianten benutzt und darüber hinaus durch eigene Zutaten seinen ganz speziellen «venezianischen» Ramusio-Polo geschaffen.

Das Schreibabenteuer Marco Polo ist offenbar noch nicht zu Ende. Der Venezianer als Person wird inzwischen durch ein Opus verdeckt, das nur zum geringsten Teil sein Werk ist. Er «wurde zur Chimäre seines eigenen Textes, der ihn zugleich hervorbrachte und verschwinden ließ» [120].

In der langen Entdeckungsgeschichte der Erde ist der Bericht von Marco Polos Reise keineswegs die einzige wichtige Quelle, die nicht in den Worten des Reisenden überliefert ist. Das Schiffstagebuch der ersten Kolumbus-Reise beispielsweise ist nur in einer kommentierenden Abschrift des Historikers Bartolomé de Las Casas erhalten; und Captain James Cook hat erklärt, es als «demütigend»[121] empfunden zu haben, dass er nach seiner ersten Weltumsegelung alle Tagebücher einem durch die britische Admiralität zum Verfasser des offiziellen Reisewerkes bestimmten Kompilator hat übergeben müssen. *Genug davon, wir wollen weiter.* (64)

Unabhängig vom tatsächlichen Verhältnis zwischen Werk / Held und Verfasser ist Marco Polo im Bewusstsein der Nachwelt das Buch, das seinen Namen trägt. Doch lässt die subtile Spannung zwischen dem Leben des Mannes Marco Polo und der historisch bedeutsamen Gestalt gleichen Namens, die aus dem Buch seit Jahrhunderten zu den Lesern spricht, viele Rätsel offen. Marina Münkler hat diese für Polo-Biographen höchst unbefriedigende Tatsache treffend benannt: «Marco Polos Biographie erschöpft sich darin, den Auftakt zu einem Buch zu bilden, in dessen Mittelpunkt nicht er selbst steht, sondern das, was er gesehen und gehört hat.»[122]

Die auf Rustichello zurückgehenden Fassungen des Textes, heute nicht mehr unwidersprochen als einer Urfassung am nächsten angesehen, erzählen die Reise abwechselnd als Marco Polos Ich-Geschichte und als Bericht über ihn und seine Abenteuer. Im Text tritt der Verfasser hin und wieder «mit typischen narrativen Clichés auf, die aus der Artusprosa stammen»; sooft er die Ich-Form der Erzählung benutzt, ist dies «also eher ein ‹rhetorisches Ich› als die individuelle Person Rusticianos da Pisa»[123]. Ganz anders hält es die von Fra Pipino begründete Polo-

---

**Die weiteren Reisen Marco Polos**

Du der in meinen Fußstapfen zu reisen
gedenkst, der bis zu der Kirche kommt,
die keine Kirche mehr ist, der Stein mit
meinem Namen drauf nicht länger
dort, der an der Tür hält im Staub,

komm etwas weiter, nichts tragend.
Weder Briefe vom Papst noch Geschenke, nicht einmal eine Reliquie vom
Heiligen Grab, nicht einmal Wasser,
nichts trug ich

in die Wüste der Wüsten, was heute
von Nutzen ist. Am vierten Tag kommst
du an einen Fluß mit frischem Wasser,
seinen Weg grabend unterirdisch, und
in seinem Bett liegen die Steine, die
edel genannt werden.
[…]

Debora Greger,
in: The New Republic, 28. 6. 1993

---

Tradition: dieser Text meint mit «ich» – außer in einem kurzen Vorwort – immer Marco Polo.

In der Kartographie fanden Erkenntnisse Marco Polos erstmals in einer Darstellung Platz, die als Katalanische Weltkarte von 1375 bekannt geworden ist. Dieses Werk, eine Art Atlas mit acht Kartenzeichnungen, stützte sich bei der Abbildung der damals bekannten Welt auf neuestes Wissen, auch das Marco Polos. Es geht in der Darstellung weit über die ptolemäische Tradition hinaus; in die Karten flossen Informationen ein, die von Seefahrern, Handlungsreisenden und Kosmographen beigesteuert wurden. Palma auf der Insel Mallorca ist der Entstehungsort der Katalanischen Weltkarte. Ihr Autor, der in Palma ansässige jüdische Karten- und Kompassmacher Abraham Cresques[124], konnte dort, an der Schnittstelle von Kulturen und Religionen, knapp ein Jahrhundert nach Beendigung der Kreuzzüge, von Praktikern unterschiedlichster Provenienz Dinge in Erfahrung bringen und Daten miteinander verbinden, die ohne sein Werk bald wieder der Vergessenheit anheim gefallen wären. Er zeigt im Westen die bereits damals bekannten Stützpunkte der Schifffahrt an Afrikas Atlantikküste bis zur Breite der Kanarischen Inseln, die Insel Madeira und die legendäre Handelsstadt Timbuktu im Innern Westafrikas. Im Osten hat er den indischen Subkontinent dargestellt, anschließend das asiatische Inselland von Sri Lanka bis nach Sumatra. Im kontinentalen Ostasien sind Peking und einige andere Städte zu finden. Verzeichnet sind ferner wichtige Märkte und Handelswege, wie zum Beispiel eine Karawanenstraße von Tanais[125] an der Mündung des Don bis nach Peking – die Seidenstraße. An Details der chinesischen Küste ist Marco Polo als Quelle der Information zu erkennen. Wie sehr hat sich der Blick geweitet in

Die Katalanische Weltkarte. In dieses bedeutendste Kartenwerk des späten Mittelalters gingen die Reisebeschreibungen Marco Polos ein. So finden sich zahlreiche Seen, Flüsse und Städte des Mongolenreichs, die in Europa zuvor nicht verzeichnet worden waren. Auf dem Kopf stehend Catayo (Catai), am oberen Rand des Ausschnitts Cambaluc, die Residenzstadt des Großkhans. Unten rechts ist Klein-Java (Sumatra) mit Königsfigur eingezeichnet.

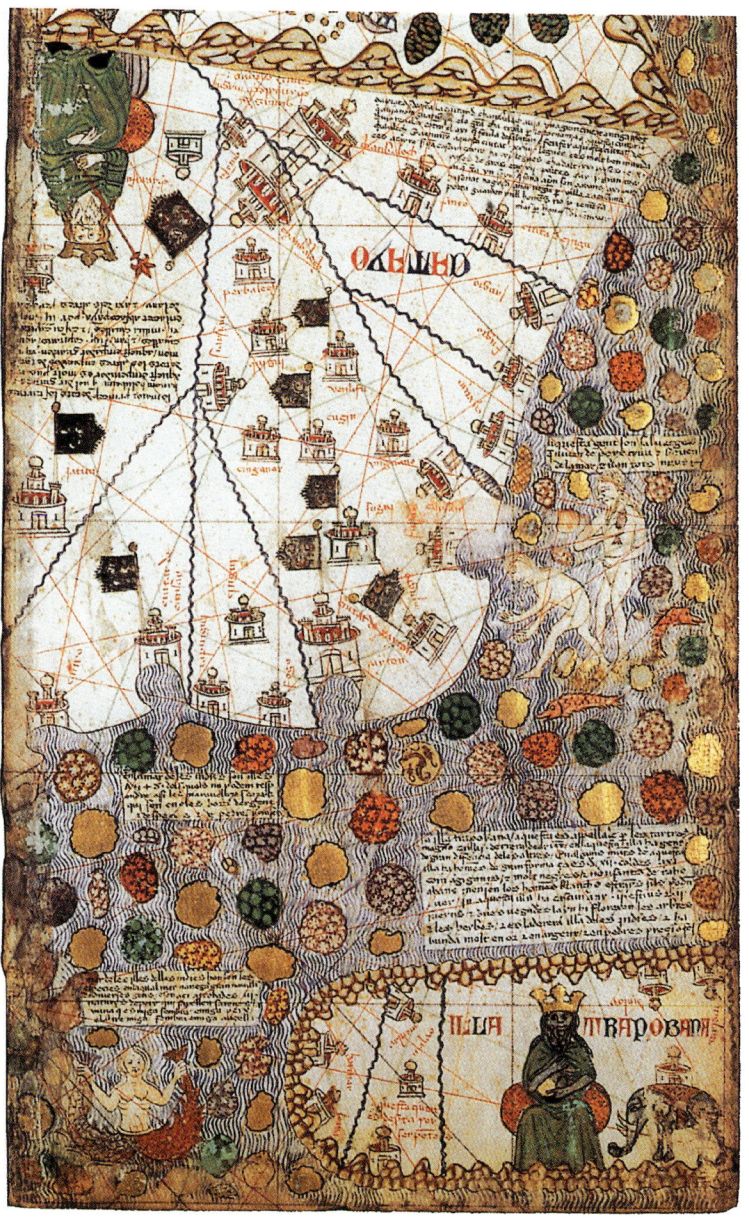

OЬШЬHО

ILLA TRAPOBANA

127

den knapp hundert Jahren seit Aufbruch der Polos aus Venedig. Die Geographie war dabei, erste Schritte auf einem Weg zurückzulegen, der sie aus einer antike Überlieferung pflegenden Disziplin zu einer empirischen Wissenschaft machen sollte. Marco Polos Wissen über die Ferne hat an diesem Prozess bedeutenden Anteil gehabt.

Die Rezeptionsgeschichte von Polos Buch über die Wunder der Welt kennt einen eindeutigen Höhepunkt: Es diente als Anregung für die Fahrten des Christoph Kolumbus. Knapp zweihundert Jahre liegen zwischen der Fernostreise des Venezianers und der Wiederentdeckung Amerikas durch den genuesischen Seefahrer. Ein Florentiner Arzt, der Renaissancegelehrte Paolo Toscanelli, war das entscheidende Bindeglied zwischen beiden. Kolumbus, der vermutlich nichts von der Existenz eines Kontinents auf dem von ihm gewählten westlichen Seeweg von Europa nach Asien, hingegen offenbar alles wusste, was Polo über Ostasien berichtet hatte, war zunächst auf Umwegen zu diesem Wissen gekommen. Toscanelli hatte 1474 auf portugiesische Anforderung ein Gutachten geschrieben, das Angaben über die Abmessungen der Kontinente und Länder enthielt. Kolumbus bekam Kenntnis von dem Schriftstück. Was der Genuese nicht ahnte, war, dass Toscanellis Rechnungen einen entscheidenden Fehler enthielten. Für die Alte Welt wurde aufgrund der Entdeckungen von Marco Polo, zusätzlich zu dem seit Ptolemäus angenommenen Wert, eine zu große Ausdehnung angenommen. Damit blieb für die Weite des westlich von Europa gelegenen Ozeans eine Distanz, die so gering war, dass Kolumbus «wusste, er könnte es schaffen»[126]. Wären die Annahmen Toscanellis zutreffend gewesen, hätte Kolumbus etwa dort, wo auf dem Globus Mittelamerika liegt, die Goldinsel Cipangu zu erwarten gehabt.

Kurz vor dem Tod des Gelehrten (1482) hat Kolumbus sich direkt an Toscanelli gewandt und von ihm eine Kopie des Schreibens von 1474 erhalten, zusammen mit einer Karte und einer persönlichen Ermutigung für seinen «großen und edlen Ehrgeiz, dort hinüber zu fahren, wo die Gewürze wachsen»[127]. Die Karte ist heute verschollen, fand aber auf dem äl-

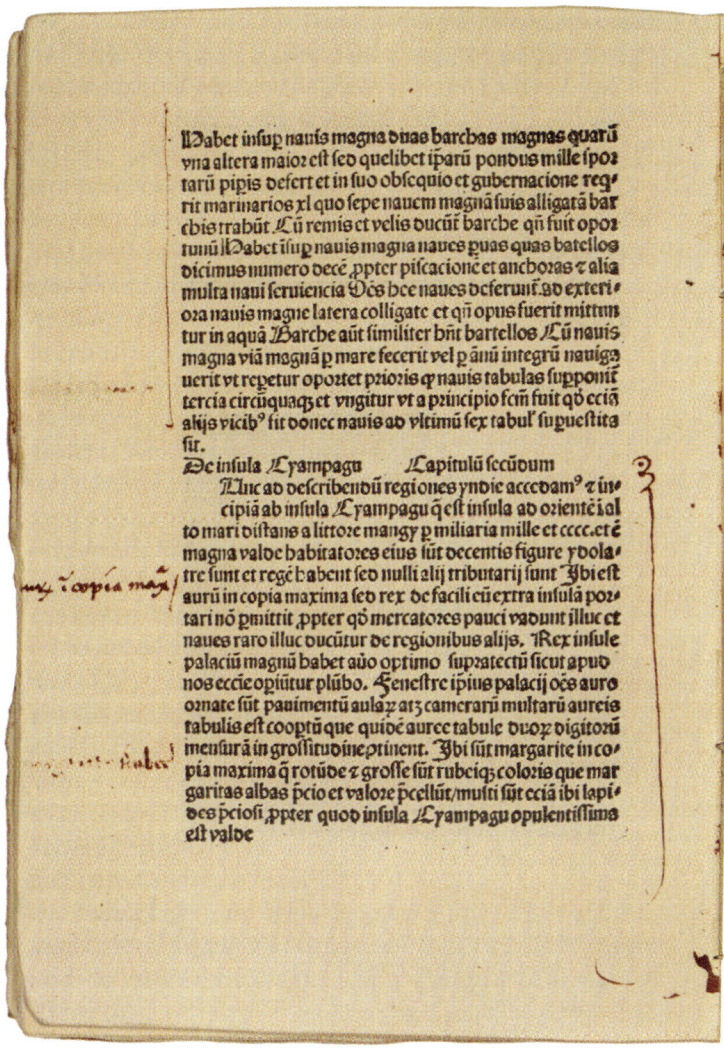

Ein 1485 gedrucktes Exemplar der Polo-Übersetzung
des Fra Pipino befand sich im Besitz von Christoph Kolumbus.
Auf dieser Seite hat er am Rand die Worte «aurum in copia
maxima» – «Gold in höchstem Überfluss» wiederholt.

testen erhaltenen terrestrischen Globus, dem «Erdapfel» des großen Nürnberger Reisenden Martin Behaim von 1492, bleibenden Niederschlag. Die Textbeigaben im asiatischen Teil weisen für alles Wissen von diesem Kontinent, das über die antike Geographie hinausgeht, Polo als entscheidende Quelle aus.

Martin Behaims (1459–1507) Lebensweg schien als Sohn eines Patriziers vorgezeichnet. Doch brachte eine Geschäftsreise nach Lissabon 1484 unverhofften Wandel. Der portugiesische König Johann II. fand Gefallen an dem jungen Nürnberger Kaufmann und eröffnete ihm eine höfische Karriere. Parallelen zum Lebensansatz des venezianischen Kaufmannssohns Marco Polo sind unübersehbar. Behaim wurde Mitglied der «Junta des matematicos», eines bei Entscheidungen über Portugals Entdeckerstrategien und -routen mit der Lösung nautischer Fragen betrauten Gremiums.
Er hatte dadurch Zugang zu den auf portugiesischen Atlantikfahrten gewonnenen kartographischen Daten, und er lernte auf langen Reisen Afrikas Westküste sogar selbst kennen. Auf der Grundlage dieses Wissens entstand 1492 in Zusammenarbeit mit dem Maler Georg Albrecht Glockenthon der so genannte «Erdapfel», eine dreidimensionale Darstellung des Bildes der Erde zu dem Zeitpunkt, da Kolumbus in die Neue Welt Amerika aufbrach.

Die Geographen der portugiesischen Krone, mit denen Kolumbus ein Jahrzehnt nach dem Toscanelli-Gutachten über eine Unterstützung seiner Reise verhandelte und die ihn «höflich aber bestimmt abwiesen, da sie seinen Plan für nutzlos hielten, einzig auf der Einbildung beruhend oder solchen Dingen wie jener Insel Cipangu des Marco Polo. Denn die meisten Gelehrten dieser Zeit betrachteten das Buch des Ser Marco Polo als reine Fiktion und Cipangu-Japan als eine mythische Insel derselben Kategorie wie [die tatsächlich nicht existierende hypothetische Atlantikinsel] Hy-Brasil.»[128] In einer Kopie der Pipino-Handschrift war das Buch des Marco Polo schon «in der ersten Hälfte des 15. Jahrhunderts»[129] nach Portugal gelangt.

Kolumbus fand dann am spanischen Hof Gehör für sein Vorhaben und segelte los, den Osten im Westen suchend. Am 1. November 1492, kurz nach Erreichen der Küste Kubas, vertraute er dem Schiffstagebuch an, er sei «sicher, [...] dass dies hier Festland ist und dass ich mich vor Zayto und Guinsay befinde, etwa hundert Meilen von dem einen und dem anderen

Der älteste erhaltene terrestrische Globus: Martin Behaims
hölzerne Erdkugel von 1492, die wie die Katalanische Weltkarte zahlreiche Entdeckungen Marco Polos berücksichtigt.

entfernt»; ein Hinweis auf seine Kenntnis der Ortsangaben
Marco Polos, die der Kolumbus-Kopist Las Casas mit der Fußnote versah: «Dieses Kauderwelsch verstehe ich nicht.»[130] Kolumbus selbst hingegen wusste sehr wohl, wovon er sprach. Er
wähnte sich an der chinesischen Küste, auf halbem Wege zwischen Quanzhou und Hangzhou, also etwa auf 28 Grad nördlicher Breite. Das ist allerdings um mindestens fünf Breitengra-
de nördlicher als jeder beliebige Punkt auf der Insel Kuba.

Tags darauf schickte der Admiral Kundschafter aus, nach
dem Großkhan zu fahnden. Neben «Glasperlen, damit sie et-

was zu essen kaufen könnten», gab er den Männern «Muster verschiedener Gewürze mit, denn sie sollten sehen, ob sie eines davon fänden. Er unterwies sie, wie sie nach dem König dieses Landes fragen und was sie ihm von seiten der kastilischen Könige sagen sollten: Daß diese den Admiral ausgesandt hätten, damit er ihm ihre Briefe und auch ein Geschenk übergäbe [...]»[131] Die Abgesandten kehrten drei Tage später unverrichteter Dinge zum Schiff zurück.

Die Dynastie der Großkhane regierte freilich zu der Zeit, da Kolumbus mit ihren Repräsentanten in Kontakt zu kommen suchte, schon längst nicht mehr. Im Jahre 1368 hatte die von Kublai begründete Yüan-Dynastie der Mongolen-Khane die Macht in China an das Herrscherhaus der Ming abtreten müssen. Das 200 Jahre vor Kolumbus von Marco Polo nach Europa gebrachte Wissen über das Reich der Mitte war – obwohl in wichtigen Punkten längst überholt – für das spanische Königshaus bei der Planung wichtiger Unternehmungen wie der der Kolumbus-Fahrt noch immer gültige Maßgabe.

Ein Exemplar des Berichts von Marco Polo in seinem persönlichen Besitz ist erst für die Zeit zwischen der zweiten und dritten Reise des Christoph Kolumbus nachweisbar, als er sich gegen Widersacher rechtfertigen musste und sich für diesen Streit noch einmal der Quelle seines Wissens versicherte. Es handelt sich bei diesem Handexemplar des Admirals um eine 1485 in Antwerpen gedruckte Fassung des Pipino-Textes. Am Rand hat Kolumbus handschriftlich Textstellen wiederholt, die ihm besonders wichtig schienen. Auf der Insel *Cympagu* (Japan) sei *Gold in höchstem Überfluss*[132] zu finden, lautet eine dieser Hervorhebungen; andere registrieren das Vorhandensein von genügend Proviant für seine Besatzung und vor allem von kostbaren Gewürzen.

Marco Polo war bei der Rückkehr von seiner Reise so alt wie Kolumbus im Jahr der Entdeckung Amerikas. Als Polo starb, wachten Freunde bei ihm. In der von Jacopo aus Acqui in Piemont überlieferten Sterbeszene heißt es, der Kranke sei bestürmt worden, sein Gewissen zu entlasten und sich angesichts seines nahen Endes von all dem in seinem Bericht loszusagen, «was über die Tatsachen hinausging». Worauf seine Antwort gewesen sein soll, er habe «nicht einmal die Hälfte von dem erzählt, was er wirklich gesehen hat» (Y 54).

Dieses Bekenntnis klingt wie eine Aufforderung an die Geschichtenerzähler der folgenden Jahrhunderte, die fehlende Hälfte von Marco Polos Erlebnissen vor ihren Lesern auszubreiten. Und sie haben reagiert – auch ohne Kenntnis von Polos herausfordernder Konfession. Wenn man so will, gehört die von Jacopo berichtete Szene selbst schon zu dieser fiktiven Seite der Polo-Tradition. Ramusio hat die Anekdote aufgegriffen; darüber hinaus hat er aus seinem eigenen Reservoir die Polo-Legende um einige inzwischen unverzichtbar gewordene Prachtstücke erweitert: Erinnert sei nur an seine Schilderung der schwierigen Ankunft im heimatlichen Venedig nach einem Vierteljahrhundert Abwesenheit. Die Anschaulichkeit der Darstellung – manchmal dargeboten als eine Art Pseudo-Genauigkeit – war Ramusio seinen Lesern schuldig, die den Bericht Marco Polos an der Detailtreue und Authentizität geographischer Entdeckungen ihrer Tage maßen.

Das war nicht immer so gewesen. Vielmehr hatte es, auch nach Erfindung des Buchdrucks, Tendenzen gegeben, die «in der Divergenz zwischen P[olo].s Anspruch auf empirische Wahrhaftigkeit und dem zunehmenden Bedürfnis nach fiktionaler Alterität»[133] zeitweise phantastischen Reiseberichten wie etwa dem des John Mandeville den Vorzug gaben.

Ramusio hatte ein feines Gespür für rasant fortschreitende Kenntnis der Welt zu seiner Zeit. Er hat mit seiner Sammlung älterer und hochaktueller Reiseberichte neue Maßstäbe für die Verbreitung frisch gewonnener geographischer Erkenntnisse unter seinen Zeitgenossen gesetzt und fand bald zahlreiche Nachahmer. Bei dem Bemühen, aus seinem Landsmann Marco Polo eine historische Persönlichkeit gewissermaßen zum Anfassen zu machen, war er der Wegbereiter späterer Bearbeiter des Berichts von Marco Polo.

Für eine zusammenfassende Betrachtung des weiten Feldes (tatsächlicher wie möglicher) belletristischer Zutaten zu Marco Polos Bericht soll noch einmal der Gefängnisszene Rustichellos gedacht werden als einer Art Schöpfungslegende des Werks. Der Bogen spannt sich mit Fernsehspielen, Multimedia-Produktionen und – noch immer – Romanen bis in unsere Tage.

In «The Journeyer»[134] hat Autor Gary Jennings auf mehr als 1200 Seiten alle Register von Sex, Gewalt und Spannung gezogen, die einem postmodernen Autor bei der Verwendung historischer Hintergründe zu Gebote stehen. Reizvoll wird die Geschichte durch ein kurzes Vorwort, in welchem der fünfundsechzigjährige Marco Polo einen Brief Rustichellos beantwortet; der Pisaner hatte ihm vorgeschlagen, gemeinsam ein neues Buch zu schreiben: Man solle endlich die Zögerlichkeit jener Erstfassung hinter sich lassen, in der sie alles Derbe, Unflätige und anderweitig Anstößige, ja selbst Dinge, die ihnen seinerzeit einfach nur unglaubwürdig erschienen seien, vermieden hätten. So wird das Verhältnis von künstlerischer Wahrheit und so genanntem Tatsachengeschehen zum zentralen Thema des Romans.

Auch Paul Griffith bewegt in seinem Roman «Myself and Marco Polo» das Problem, dass die Wahrheit «kein starres, unveränderliches Gebilde» ist.[135] In verwirrendem Hin und Her zwischen den Erzählern Rustichello und Marco Polo spielt er als mögliche Varianten des Geschehens einige der Deutungen von Polos Berichten durch, mit denen sich auch die Marco-Polo-Forschung beschäftigt – allerdings in der ihm eigenen Weise: «Denkbar wäre auch die Geschichte, daß unsere Reise schon in Zypern endete oder in Akko oder in Layas, daß wir die ganze Zeit dort blieben, zögernd an der Schwelle des Orients [...] daß er, als er in Palästina von uns hörte, einen imaginären Reisebericht über uns schrieb und das Märchen mit der Diktiererei aufbrachte [...]. Oder wir hätten genausogut auch weiter vordringen können, als überliefert ist, wären vielleicht über den Pazifik nach Japan gelangt, nach Fidschi und Kalifornien, hätten unsere Berichte aber auf das beschränkt, was glaubhaft erschien. Oder wir kamen tatsächlich bis nach Peking und kehrten auch von da aus zurück, beschrieben unsere Erfahrungen dort aber ganz anders, als sie wirklich waren, weil wir nur beschreiben konnten, was beschreibbar ist.»[136]

Griffith lässt seine Leser fünf Wunder Pekings erleben, die ebenbürtig den vom «wirklichen» Marco Polo geschilderten Wundern in *Canbaluc [,] so großartig und mit keiner anderen Stadt zu vergleichen* (153), zur Seite stehen: die große Bibliothek, das Theater, das Patentamt der Wissenshüter-Hierarchen, den unterirdischen Schauplatz eines gigantischen «Spiels» mit der Wirklichkeit, das «der Entfremdete» heißt, sowie das Wirkungsfeld eines Mannes, genannt «Teezeremonienmeister, den wir auch den Kategorienbrecher nennen, […] mit der verantwortungsvollen Aufgabe betraut, die alten Unterschiede in der Welt auszumerzen, indem er neue einführt».[137] Hier werden Anklänge an das alte chinesische Buch «I-Ching», das «Buch der Wandlungen», deutlich. Griffith gelingt unter allen neueren Polo-Belletristen am ehesten, was Michail Bachtin den radikalen «Schritt aus der Welt der Epik in die Welt des Romans»[138] genannt hat.

Marco Polos Vita ist die Lebensreise par excellence. Nachdem er die Welt gesehen und sich der Kreis geschlossen hatte, starb er, wo er geboren war. Überlebt hat ihn die Saga seiner Weltschau.

*Nun habe ich alles ausführlich erzählt. Es gibt sonst nichts Bemerkenswertes mehr […].* (358)

# Anmerkungen

1 Im Text wird aus Polos Bericht vorrangig zitiert nach: Marco Polo: Il Milione. Die Wunder der Welt. Hg. von Elise Guignar.
Hinter allen übrigen Fällen von Polo-Zitaten steht vor der Seitenzahl als Sigle für den Namen des Herausgebers:
K: Theodor A. Knust: Marco Polo. Von Venedig nach China
T: Horst von Tscharner: Der mitteldeutsche Marco Polo
W: William Marsden, Thomas Wright: Marco Polo. The Travels
Y: Henry Yule, Henri Cordier: The Travels of Marco Polo. 2 Bde. Vorwort mit kursiven Seitenzahlen
P: Juan Gil: The Book of Marco Polo
Außerdem werden in Text und Anmerkungen folgende Siglen benutzt:
Da: Pierre Darru: Histoire de la République de Venise. 8 Bde.
Iw: Shinobu Iwamura: Manuscripts and Printed Editions
Kr: Walter Krämer: Wunder der Welt
Ol: Leonardo Olschki: Marco Polos Asia
Pe: Paul Pelliot: Notes on Marco Polo
Wi: Friedrich Wilken: Geschichte der Kreuzzüge, Buch VIII
Wo: Frances Wood: Marco Polo kam nicht bis China
Für die exakten Titel siehe Abschnitt 2 der Bibliographie
2 Die Schreibung von Ortsnamen und anderen geographischen Bezeichnungen in dieser Monographie folgt – außer in Zitaten oder bei ausdrücklich angemerkten Abweichungen von diesem Grundsatz – weitgehend Bd. 21 (Weltatlas) von Meyers Lexikon, Mannheim 1971, als Bezugswerk. Für chinesische Ortsnamen wurde außerdem konsultiert: Chiao-min Hsieh und Jean Kan Hsieh: China. A Provincial Atlas. New York 1995
3 Patricia F. Brown: Venice & Antiquity. Yale 1996, S. 17 f.
4 Y II, 530 ff. bringt (1903) eine Liste mit 85 Manuskripten. Benedetto (1928) nennt bereits 138, Gil (1986) in der Einleitung zur Edition des Polo-Handexemplars von Kolumbus 143 Manuskripte.
5 Auch Rusticello, Rusticiano, Rusticiaus, Rusticien und dgl.
6 John Critchley: Marco Polos Book. Aldershot 1992, S. 12 ff.
7 Walter Krämer: Nachwort zur Rostocker Ausg. von Knust (K 342)
8 William F. Buckley, Jr.: Marco Polo, if you can. New York 1982, S. 195
9 Ebenda, S. 257
10 http://www.traveletterz.com/content/grandtradition/orient.html
11 Li Jianping: Descriptions of Yangzhou in «The Travels of Marco Polo». Historical Influence and Practical Significance. In: Chung hsi wen hua chiao liu hsien ch'ü: Ma-k'o Po-lo. Pei-ching 1995, S. 64
12 The Encyclopaedia Britannica, 15. Ausgabe, Chicago 1994, Bd. IX, S. 571
13 The Geography of Strabo. Hg. von H. C. Hamilton und W. Falconer. London 1903, Bd. 1, S. 223 (Buch III, Kap. 11, Paragr. 12)
14 Walter Krämer: Geheimnis der Ferne. Leipzig 1971, S. 242
15 Julius Lips: Der Weiße im Spiegel der Farbigen. Leipzig 1983, S. 30
16 Marco Polo and Korčula: Korčula and the Polo Family. http://www.korcula.net/mpolo/mpolo2.htm
17 Donald M. Nicol: Byzantium and Venice. Cambridge 1988, S. 412
18 Wolfgang Koeppen: Ich bin gern in Venedig warum. Frankfurt a. M. 1994, S. 40
19 Michael Prawdin: Das Erbe Tschingis-Khans. Berlin 1935, S.103
20 Ayas; Mittelmeerhafen am Golf von Iskenderum (heute türkisch)

21 Auch die Namensformen Tebaldo und Theobald werden verwendet.

22 Horace K. Mann: The Lives of the Popes in the Middle Ages. London 1929, Bd. 15, S. 354

23 Franz Xaver Seppelt, Georg Schwaiger: Geschichte der Päpste. Berlin, Darmstadt, Wien 1965, S. 201

24 P. M. Sykes: Did Marco Polo visit Baghdad? In: Geographical Journal, Bd. 26 (1905), S. 465

25 Auch Balkh; Wasirabad bei Masari-Sherif

26 Ala-ad-Din Ata-Malik Juvaini: The History of the World-Conquerer. Manchester 1958, Bd. 1, S. 130f.

27 Talikan

28 Badachschan im Nordosten des heutigen Afghanistan

29 Alter Name von Dunhuang in der Provinz Gansu

30 Die Briefe des Francisco de Xavier 1542–1552. Ausgewählt von Elisabeth Gräfin von Vitzthum. Hg. von Franz Peter Sonntag. Leipzig 1979, S. 219 ff.

31 Vorwort des Herausgebers zu P, S. 107

32 Athanasius Kircher: China Illustrata. Reprint Muskogee, Okl. 1987, S. 81

33 Ramusio: Prefatione, S. 2

34 Paul Ratchnevsky: Über den mongolischen Kult am Hofe der Großkhane in China. In: Mongolian Studies. Hg. von Louis Ligeti. Amsterdam 1970, S. 426

35 Ebenda, S. 427

36 Polo benutzt die turksprachige Bezeichnung (Stadt des Khans). Der heute übliche Name Peking (Beijing) bedeutet «nördliche Hauptstadt».

37 Zu den Namen muss aus Platzmangel auf die Artikel «Catai» und «Cin» in Pe I verwiesen werden.

38 Rubruk, S. 221

39 Ebenda, S. 173

40 Ebenda, S. 250

41 Ebenda, S. 25 (Einl.). Hier wird ein Gedanke von Eric Voegelin wiedergegeben.

42 Ebenda, S. 49

43 Ebenda, S. 161

44 Ramusio: Prefatione, S. 6

45 Marco Polo: Il Milione. Nachwort, S. 439

46 Siehe Y 26ff.

47 Herbert Franke: Geld und Wirtschaft in China unter der Mongolen-Herrschaft. Leipzig 1949, S. 34

48 Ebenda, S. 59

49 Auch: Yangiu

50 Siehe hierzu Y II, 157

51 Zhu Jiang: Why are Historical Materials about Marco Polo Lacking? In: Ma-k'o Po-lo, S. 47

52 Li Jianping: Descriptions of Yangzhou in The Travels of Marco Polo: Historical Influence and Practical Significance. In: Ma-k'o Po-lo, S. 63

53 Auch 1280 und 1288 werden als Jahre genannt; siehe Y II, 271

54 Herbert Franke: Tibetans in Yüan China. In: China under Mongol Rule. Hg. von John D. Langlois. Princeton 1981, S. 298

55 Italo Calvino: Die unsichtbaren Städte. München 1979, S. 98

56 Beispielsweise Oliver Goldsmith: The Citizen of the World or Letters from a Chinese Philosopher, Residing in London, to his Friends in the East. London 1762

57 Jandesek Peinhold: Conceptions and Perceptions of China. European Travellers in the Middle Ages. In: Ma-k'o Po-lo, S. 296

58 Jonathan D. Spence: The Chan's Great Continent. China in Western Minds. New York und London 1998, S. 1

59 Auch Xingzai, Kinsay und dgl.

60 Morris Rossabi: Khubilai Khan. Berkeley 1988, S. 102

61 Jonathan D. Spence: The Chan's Great Continent, S. 5

62 Auch: Argun. Vierter der Il-Khane

63 Auch: Kokachin, Kogatin und dgl.

64 Roderich Ptak: Cheng Hos Abenteuer im Drama und Roman der Ming-Zeit. Stuttgart 1986, S. 17

65 Provinz Fujian, an der Mündung des Flusses Jiu Jiang. Alter Name Zaiton

66 Malayisch für «Waldmensch»

67 John Kirtland Wright: The Geographical Lore of the Time of the Crusades. A Study in the History of Medieval Science and Tradition in Western Europe. New York 1925, S. 287

68 Hesekiel 38, Vers 15 / 16 (Luthertext)

69 18. Sure, Vers 93 – 95. Zit. nach: Der Koran. Übers. Max Henning. Leipzig 1968, S. 280. Dhu'l Garnain, wörtlich «Der Zweihörnige» bezeichnet Alexander als «Herrn des Ostens und des Westens»

70 Y I, 285 u. 292 ff.

71 Wright: Geographical Lore of the Time of the Crusades, S. 272

72 Walter Krämer: Geheimnis der Ferne, S. 237

73 Jacques Le Goff: The Medieval Imagination. London 1988, S. 42

74 Geschichten aus Tausendundeiner Nacht. Leipzig 1964, S. 313

75 Otto Emersleben: Zu fernen Ufern. Entdeckungen im 17. und 18. Jahrhundert. Leipzig 1984, S. 140

76 Umso ausführlicher ist die Darstellung im Schlussteil einiger Textfassungen, deren Schlachtengemälde Yule zwar als «quasi-historisch» abtut (Y II, 456), die jedoch eine in großen Zügen zutreffende Schilderung der Machtkämpfe im Reich der Il-Khane seit Eroberung Bagdads durch die Mongolen gibt.

77 Trabzon an der Südküste des Schwarzen Meeres; auch Trapezunt, Trebizond und dgl.

78 Venedigs Flottenbasis und Umschlagplatz nördlich von Athen, heute Evripos

79 Am Canale Santa Marina bei San Giovanni Chrisostomo

80 Ramusio: Prefatione, S. 6

81 Polo selbst berichtet über den Großkhan: Er «gibt den Fürsten und Rittern dreizehnmal im Jahr kostbare Kleider; er staffiert sie aus nach seinem eigenen Vorbild». (138)

82 Ramusio: Prefatione, S. 6

83 Kublai Khan starb am 18. Februar 1294. (Pe 566)

84 Ramusio: Prefatione, S. 6; siehe auch: Marco Polo: Il Milione. Nachwort, S. 439

85 Ayas; s. Anm. 20

86 Barbara Wehr: A propos de la genèse du «Dévisement dou Monde» de Marco Polo. In: M. Selig u. a. (Hg.): Le passage à l'écrit des langues romanes. Tübingen 1993, S. 299 – 326

87 9000 pisanische Kriegsgefangene wurden 1284 nach der Seeschlacht von Meloria nach Genua gebracht, ihre Freilassung erfolgte erst nach einem im Juli 1299 geschlossenen Frieden. Ob Rustichello zu den wenigen Überlebenden dieses Kontingents gehört hat, ist nicht nachweisbar. (Y 56 ff.)

88 The Arthurian Encyclopedia. Hg. von Norris J. Lacy. New York 1986, S. 297

89 Girone il Corteze: Romanzo Cavallaresco. Florenz 1855, S. XIV

90 Cedric E. Pickford: Miscellaneous French Prose Romances. In: Arthurian Literature in the Middle Ages. Oxford 1959, S. 350

91 Ramusio: Prefatione, S. 6

92 Ebenda, S. 7

93 Paul Griffith: Ich und Marco Polo. München 1991, S. 8

94 Michael Prawdin: Das Erbe Tschingis-Chans. Berlin 1935, S. 131

95 Marina Münkler: Marco Polo. Leben und Legende. München 1998, S. 53

96 Karl Voretzsch: Einführung in das Studium der Altfranzösischen Literatur. Halle 1925, S. 246

97 Barbara Wehr: A propos de la genèse […] (s. Anm. 86)

98 Y 70 erwähnt ein Beispiel eines solchen Rechtshandels.

99 Den lateinischen Text des Testaments sowie anderer auf Marco Polo und Mitglieder seiner Familie bezogener Dokumente aus Venedigs Archiven bringt Yule II, S. 513 ff.

100 New York Times vom 21. 9. 1997

101 Ebenda

102 Ebenda

103 Autor von The Chan's Great Continent (s. Anm. 58)

104 The Chronicle of Higher Education, 19. 2. 1999, unter Berufung auf «The New York Times Book Review»

105 The City of Light: The Hidden Journal of the Man who Entered China Four Years Before Marco Polo

106 The Chronicle of Higher Education (s. Anm. 104)

107 Christopher Dawson (Hg.): The Mongol Mission. New York 1955, S. 224

108 Ebenda

109 Christopher Dawson: The Mongol Mission, S. 225

110 Zaiton, s. Anm. 65

111 http://www.korcula.net/mpolo/mpolo700.htm

112 Marina Münkler: Marco Polo, S. 86 ff. Das Kapitel «Die unterschiedlichen Handschriftengruppen» bringt eine knappe, übersichtliche Zusammenfassung der seit Benedetto 1928 üblichen Nomenklatur.

113 Einleitung zu T, VII ff. Auch der Herausgeber der Admonter Hs. bezieht sich auf die seit Benedetto übliche Einteilung.

114 Marina Münkler: Marco Polo, S. 86 ff.

115 Einleitung zu T, VII ff.

116 Ebenda

117 Barbara Wehr: Zum altvenezianischen Fragment VA-1 des Reiseberichts von Marco Polo. In: L. Morini (Hg.): La letteratura italiana nelle corti padane. Atti del convegno a Pavia 11–15 settembre 1994. Alessandria (i. Dr.)

118 Ebenda

119 Barbara Wehr: Zum Reisebericht des Marco Polo in der lateinischen Fassung des Fra Pipino da Bologna. In: H. Petersmann, R. Kettemann (Hg): Latin vulgaire – latin tardif V. Heidelberg 1999, S. 117–132

120 Marina Münkler: Marco Polo, S. 86 ff.

121 The Journals of Captain James Cook on His Voyages of Discovery. Hg. von J. C. Beaglehole. Bd. II. Cambridge 1961, S. 661

122 Marina Münkler: Marco Polo, S. 53

123 Private Mitteilung von Prof. Barbara Wehr, Universität Mainz, 4. 2. 1999

124 Sein Sohn Jehuda diente unter Heinrich dem Seefahrer.

125 Das heutige Asow

126 Samuel Eliot Morison: The Great Explorers. New York, Oxford 1986, S. 371

127 Ebenda, S. 370

128 Ebenda

129 Francisco Maria Esteves Pereira: O Livro de Marco Paolo. Lisboa 1922, S. XIX

130 Christoph Columbus: Schiffstagebuch. Leipzig 1983, S. 49 und Anm. auf S. 173

131 Ebenda, Eintragung vom 2. November 1492

132 El Libro de Marco Polo. Hg. von Juan Gil. Madrid 1986, S. 348

133 Ernst Bremer: Polo, Marco. In: Die deutsche Literatur des Mittelalters. Verfasserlexikon. Berlin 1989. Bd. 7, S. 774

134 New York 1984; dt.: Marco Polo der Besessene. 2 Bde. Frankfurt a. M. 1995

135 London 1989; dt.: Ich und Marco
Polo. Roman der Wandlungen.
München 1991, S. 141
136 Ebenda, dt. Übersetzung, S. 220f.
137 Ebenda, S. 286
138 Michail M. Bachtin: The Dia-
logic Imagination. Four Essays.
Austin 1981, S. 14

## ZEITTAFEL

**1204** Während des 4. Kreuzzuges erobert ein Kreuzfahrerheer mit venezianischer Hilfe Konstantinopel, Hauptstadt des oströmischen Reiches. «Lateinisches» Kaisertum.

**1215** Geburtsjahr Kublais. Dschingis Khan erobert Peking, die Hauptstadt des Reiches der Kin-Tataren.

**1227** Tod Dschingis Khans.

**1241** Schlacht bei Liegnitz; westlichster Vorstoß der Mongolen.

**1245** Auf dem Konzil von Lyon beauftragt Papst Innozenz IV. den Franziskaner Giovanni Carpini mit einer Gesandtschaft zum Großkhan.

**1247** Giovanni Carpini in Lyon zurück; außer dem Reisebericht verfasst er eine kurze Geschichte der Mongolen («Historia Mongolorum») und das «Liber Tatatorum».

**1248** Baubeginn am Kölner Dom.

**1253** Der Franziskaner Wilhelm von Rubruk bricht im Auftrag des französischen Königs Ludwig IX. von Konstantinopel aus zum Hof des Großkhans in Karakorum auf.

**1254** Marco Polo in Venedig geboren.

**1255** Rückkehr Wilhelm von Rubruks; Niederschrift des Berichts.

**1257** Die Rivalität zwischen Venedig und Genua bei der Versorgung der Kreuzfahrer führt zu Kämpfen in der Levante; Seeschlacht vor Akko, Bündnisvertrag zwischen Venedig und Pisa für 10 Jahre.

**1260** Nicolao und Maffeo Polo in Konstantinopel; Aufbruch zur ersten Reise der Polos über die Krim, Bolgar, Buchara zur Residenz von Großkhan Kublai. Kublai wird Kaiser von China.

**1261** Rückeroberung Konstantinopels durch Michael Paläologus. Ende des Lateinischen Kaisertums.

**1265** Dante Alighieri in Florenz geboren.

**1268** Papst Clemens IV. gestorben.

**1269** Rückkehr der Gebrüder Polo über Akko nach Venedig.

**1270** Der Vertrag von Cremona zwischen Venedig und Genua sichert einen kurzzeitigen Frieden. Ende von Venedigs Vorherrschaft. Tod des französischen Königs Ludwig IX. («der Heilige») in Tunis.

**1271** Erneuter Aufbruch der Gebrüder Polo von Venedig, begleitet von Nicolaos Sohn Marco. Die Polos in Akko und Jerusalem. Gleichzeitig hält sich Prinz Eduard von England (später König Eduard I.) im Heiligen Land auf. Ausklang der Kreuzzüge. – Weiterreise der drei Polos nach Ayas am Golf von Iskenderum. Nach Akko zurückgerufen, als der dort residierende päpstliche Legat Tedaldo Visconti zum Papst gewählt wird (Gregor X.).

**1271** November: Endgültiger Aufbruch der Polos von Akko in Begleitung zweier Dominikaner, die jedoch bald umkehren. Der ursprüngliche Plan einer Seereise über Indiens Häfen wird in Hormos am Persischen Golf aufgegeben.

**1272** Begründung der Yüan-Dynastie chinesischer Kaiser durch Kublai Khan. Gleichzeitig Fortsetzung der Kämpfe zur völligen Eroberung des noch von Sung-Kaisern beherrschten Südens.

**1273** Während der Kämpfe um Süd-China Einnahme von Xiang-yang.

**1274** Fehlgeschlagener Invasionsversuch Kublai Khans in Japan.

**1275** Eintreffen der Polos in Peking. Marco Polo unternimmt in den folgenden 17 Jahren in

Kublai Khans Auftrag zahlreiche Land- und Seereisen und lernt China sowie eine Reihe dem Großkhan tributpflichtiger Länder Südostasiens kennen.

**1285** Marco Polo in Cianba (Mittel- und Süd-Vietnam).

**1286** Tod der mongolischen Prinzessin Kathun Bulugan in Persien.

**1287** Währungsreform in China; Einführung neuer Papiergeldsorten als Ausdruck der Geldentwertung (5:1).

**1288** Nikolaus IV. wird Papst (bis 1292).

**1289** Ein päpstliches Konkordat mit Venedig bringt die Einführung der Inquisition in den Territorien der Stadtrepublik.

**1291** Einnahme von Akko durch die Mamelucken. Ende des Kreuzfahrerstaats, Rückzug der letzten Kreuzritter nach Zypern.

**1292** Aufbruch der Polos per Schiff zur Heimfahrt nach Venedig. Die Route führt die von Marco befehligte Dschunken-Flotte vom Hafen Zaiton durch das Südchinesische Meer über Sumatra, Ceylon und Vorderindien nach Hormos. Von dort reisen sie über Land zum Feldlager des Il-Khans, durchqueren Nordpersien und erreichen die Schwarzmeerküste in Trabzon. Eine Schiffsreise über Konstantinopel und Negreponte nach Venedig bildet den Abschluss der Heimfahrt.

**1294** Ausbruch neuer Feindseligkeiten zwischen Venedig und Genua. Tod Kublai Khans.

**1295** Eintreffen von Nicolao, Maffeo und Marco Polo in Venedig. Die Reisenden werden zunächst nicht erkannt, legitimieren sich aber durch Edelsteine, die sie von ihrer Reise mitgebracht haben (Gral-Symbolik).

**1298** Seeschlacht bei Korčula; Marco Polo gerät in Gefangenschaft und wird in Ketten nach Genua gebracht. Ein Mitgefangener, Rustichello aus Pisa, schreibt – wie er selbst angibt – nach Marco Polos Erzählungen das Buch über dessen Reise.

**1299** «Ewiger» Frieden zwischen Venedig und Genua geschlossen (er dauert bis zur Seeschlacht am Bosporus von 1352). Heimkehr Marco Polos aus der Gefangenschaft.
In den Folgejahren Ehe mit Donata; sie haben drei Töchter: Fantina, Bellella und Moreta.

**1307** Der französische Edelmann Thibault de Cepoy erhält angeblich in Venedig von Marco Polo eine Kopie des Reiseberichts.

**1315–1317** Vermutliche Entstehungszeit der Textvariante nach Pipino.

**1321** Dante Alighieri stirbt in Ravenna.

**1324** Marco Polo stirbt in Venedig; Beisetzung im Grab des Vaters in der Kirche San Lorenzo. Im Testament vom 9. Januar 1324 erhält Polos Haussklave Peter («der Tatare») die Freiheit. Aufbruch des arabischen Reisenden Ibn Battuta.

**1368** Ende der Mongolenherrschaft in China; Herrschaft der Ming-Dynastie.

**1375** Katalanische Weltkarte des Abraham Cresques aus Palma de Mallorca mit deutlichen Spuren der Polo-Reise.

# ZEUGNISSE

## Gian Battista Ramusio
Oft habe ich über einen Vergleich der Reise, die unser venezianischer Edelmann über Land unternommen hat, mit der Seereise des Don Christoforo [Kolumbus] nachgedacht und mich gefragt, welche von beiden wohl als wunderbarer bezeichnet werden muss. Und wenn mich die Liebe zum Vaterland nicht in die Irre führt, habe ich Grund zu der Annahme, dass der Landreise vor derjenigen zur See der Vorrang gebührt.
*Navigationi et Viaggie, 1559*

## Sir Humphrey Gilbert
Polo der Venezianer, der viele Jahre in Kathay gelebt hat, bestätigte, dass er 1500 Meilen an den Küsten von Mangia und Anian nach Nordosten segelte; und immer fand er die See vor sich offen, nicht nur dort, wo er selbst hinfuhr, sondern so weit seine Wahrnehmung reichte.
*Traktat über die Nordwestpassage, 1566*

## Athanasius Kircher
Keiner der Alten hat die Reiche des Ostens umfassender beschrieben als der Venezianer Marco Polo.
*China illustrata, 1667*

## Sir Henry Yule
Es ist ein großes Buch der Rätsel, und doch ist unser Vertrauen in die Wahrhaftigkeit des Mannes dergestalt, dass wir uns sicher fühlen können: Jedes Rätsel hat eine Lösung.
*The Travels of Marco Polo, 1870*

## Heinrich Schliemann
Als ich vor einem der neun großen Tore Pekings ankam und die kolossale Mauer sah, die sich, so weit das Auge reichte, nach beiden Seiten hinzog, fühlte ich mich ein wenig von der gleichen Bewunderung durchdrungen, mit der Marco Polo [...] von der Pracht Kambalics oder der Stadt des Großkhan gesprochen hatte.
*Autobiographie in: Illios. Stadt und Land der Trojaner, 1881*

## Francis Cotterell Hodgson
Marco Polos Mut, den er brauchte, um in eine riesige unbekannte Landmasse einzudringen, mitten unter Menschen unbekannter Sprache, beim Zug durch Länder, in denen häufig Kriege aufflammten und das Räuberunwesen nie verschwand, ist sehr wohl dem Mut vergleichbar, der Columbus quer über den unerforschten Atlantik trug.
*Venice in the 13th and 14th Centuries, 1910*

## Eugene O'Neill
Dass Marco Polo keine gerechte Beurteilung erfahren konnte, ist seine eigene Schuld. Er hat das Buch über seine Reisen diktiert und dabei den Reisenden ausgelassen. Er war kein Autor. Er blieb einer Aufzählung dessen verhaftet, was er als Tatsachen ansah, und zum Lohn für all seine Mühe hat die Welt ihn einen Lügner genannt.
*Vorwort zum Stück «Marco Millions», 1927*

## Pearl S. Buck
In der Erinnerung von vielen Millionen Menschen ist Marco Polo noch immer eine lebende Person. Mir ist er – ebenso wie Tausenden Chinesen in der Provinz Kiangsu – ein Nachbar. Ich habe meine Kindheit in einer Stadt am Jangtse verbracht, direkt gegenüber von Yangchow, wo er – wie sowohl die örtliche Überlieferung als auch er selbst uns erzählt – einst Gouverneur war. [...] Ich habe seine Reiseberichte wieder und wieder gelesen. Er wurde als Bürger von Venedig geboren, einer damals stolzen und edlen Stadt. In Wahrheit jedoch

war er ein Weltbürger. Er liebte das Reisen und die Bräuche und die Speisen und die Ansichten, die anders waren als die zu Hause gewohnten. [...] Für uns Heutige ist Marco Polo deshalb wichtig, weil er vielleicht der erste Weltbürger war, dessen Aufzeichnungen wir in seinen eigenen Worten besitzen.
*Marco Polo: World Citizen, 1948*

### Ronald Latham

Sobald wir uns dem weiten Feld der Geographie im heute gebrauchten Sinn dieses Wortes zuwenden, insbesondere der auf den Menschen bezogenen Erdkunde, wird Polos herausragende Leistung am deutlichsten spürbar. [...] Bei keinem Autor des Westens seit Strabo, dreizehn Jahrhunderte vor ihm, finden wir etwas, das mit Polos Panorama der Nationen und Völker auch nur im Entferntesten zu vergleichen wäre.
*The Travels of Marco Polo, 1958*

### Werner Forman und Cotti A. Burland

Die unmittelbare Kenntnis des sagenumwobenen Ostens, die Marco Polo sich hart erringen musste, ist heute durch Bücher und Fernsehen allgemein zugänglich. Aber trotzdem ist Marco Polo unübertroffen, und der Bericht seiner Abenteuer bleibt der einzige Zugang zur Welt Kublai-Khans, von einem Europäer beleuchtet und mit dessen Augen gesehen. Das Buch stellt eines der wichtigen frühen Zeugnisse der modernen Welt dar, da es einen praktisch orientierten Geist widerspiegelt, der ebenso von allgemein menschlichen wie handelspolitischen Erwägungen bestimmt ist.
*Die Reisen des Marco Polo, 1970*

### Walter Krämer

Marco Polo allein blieb es vorbehalten, für Europa die erste große Beschreibung von China und von den Wegen, die dorthin führten, zu geben und die staunende Mitwelt über all die Merkwürdigkeiten und Wunderlichkeiten zu unterrichten, die zwischen Mittelmeer und Stillem Ozean, zwischen dem Äquator und dem Nordpolarmeer bestanden.
*Wunder der Welt. Die frühen Entdeckungen unserer Erde, 1971*

### Elise Guignard

Der Milione wurde gebraucht als Reiseführer, als Sachbuch, aber vor allem war er zu jeder Zeit eine beliebte Unterhaltungslektüre. Gelegentlich war er auch eingestandene oder verschwiegene Quelle für mittelalterliche oder spätere Reiseschriftsteller und sogar für Dichter.
*Marco Polo: Il Milione. Die Wunder der Welt, 1983*

### Mary B. Campbell

Seit Marcos Zeit hatte Europa in seiner realen Geographie einen Orient aufzuweisen – einen Osten, der beurteilt werden musste, auf den es zu reagieren galt. Den er mit offenen Augen durchstreift hatte, bei schlafender, träumender Seele.
*The Witness and the Other World, 1988*

### Alida Alabiso

Marco Polo, der 1275 mit seinem Vater aus Italien kam, gewann das Vertrauen Kublai Khans. Es ist nicht verwunderlich, dass in Marco Polos Buch die große chinesische Mauer nicht erwähnt wird. Dieses große Bauwerk hatte eigentlich überhaupt keine Bedeutung mehr, da es keine Grenze markierte. Vielmehr waren die Gebiete, die es trennte, zu jener Zeit Bestandteile ein und desselben Reiches.
*Chinese Imperial Palaces in Marco Polo's ‹Milione›, 1995*

### Živan Filippi

Marcos Prosa erhält poetische Schönheit durch die Mischung von Traum

und Wachsein, Realität und Einbildung, Möglichkeit und Unmöglichkeit, Erklärbarem und Unerklärbarem. Marcos Erzähltechnik wurde vielen Schriftstellern zum Vorbild, die keine Gelegenheit hatten, so interessante Abenteuer zu erleben wie er.
*Marco Polo and Korčula.*
*Million – A Long Voyage, 1998*

**Marina Münkler**
Wenn Marco Polo denn eine eindeutige Identität zugewiesen werden kann, dann die, die Personifizierung jenes Moments gewesen zu sein, als das Wissen über die fremde Welt des Ostens sich einem breiten Publikum mit unterschiedlichen Interessen und ohne eindeutig zuordenbare Zwecke öffnete.
*Marco Polo. Leben und Legende, 1998*

**Jonathan D. Spence**
Polos Vermächtnis beruht in gewissem Umfang auf den Tatsachen, die er mitgeteilt hat, wohl aber noch mehr in der Neugier, die er weckte.
*The Chan's Great Continent. China in Western Minds, 1998*

# BIBLIOGRAPHIE

Zu den im Text benutzten Siglen bei Zitaten aus Polo-Ausgaben und anderen häufig benutzten Werken siehe Anm. 1. In den Anm. werden außerdem Kurzbezeichnungen für folgende Titel verwendet:

Ma-k'o Po-lo: Chung hsi wen hua chiao liu hsien ch'ü: Ma-k'o Po-lo/chu pien Lu Kuo-chün, Hao Ming-wei, Sun Ch'eng-mu; [Chung-kuo kuo chi wen hua shu yüan pien]. Pei-ching 1995

Ramusio: Prefatione: Vorwort zu Gian Battista Ramusio: Navigationi et Viaggi: Bd. 2. Reprint Amsterdam 1968

Rubruk: The Mission of Friar William of Rubruk. Hg. von Peter Jackson. London 1990

## 1. Bibliographien

Iwamura, Shinobu: Manuscripts and Printed Editions of Marco Polo's Travels. Tokio 1949

Marco Polo Bibliography 1477–1983. Zusammengestellt von Hiroshi Watanabe. Tokio 1983

Einige Werkausgaben enthalten detaillierte bibliographische Angaben zu handschriftlichen wie gedruckten Polo-Ausgaben, so Yule und Benedetto. Siehe auch die Lit.-Hinw. von Ernst Bremer zum Stichwort «Polo, Marco» in: Die deutsche Literatur des Mittelalters. Verfasserlexikon. Berlin 1989. Bd. 7, S. 775.

## 2. Das Werk [Name des Hg. jeweils vorangestellt]

Benedetto, Luigi Foscolo: Marco Polo, Il Milione. Prima edizione integrale. Firenze 1928

Buerck, August: Die Reisen des Marco Polo im dreizehnten Jahrhundert. Nebst Zusätzen und Verbesserungen von Karl Friedrich Neumann. Leipzig 1845

Marsden, William: The Travels of Marco Polo, a Venitian, in the Thirteenth Century: being a Description, by that early traveller, of remarkable places and things, in the Eastern Parts of the World. London 1818

Pauthier, M.: Le livre de Marco Polo. Paris 1865

Polo, Marco: Das Buch der Wunder. Luzern 1996. [Faksimile des «Livre des Merveilles», Handschrift fr. 2810 der Bibliothèque Nationale Paris]

Roux, M.: Voyages de Marco Polo. Paris 1824 (Recueil de Voyages de la Société de Géographie, Bd. 1)

*Bei der Arbeit an dieser Monographie benutzte Ausgaben*

Gil, Juan: El Libro de Marco Polo. Ejemplar anotado por Cristobal Colon y que se conserva en la Biblioteca Capitular y Colombina de Sevilla. Madrid 1986. [Mit dieser Ausgabe sind ein Faksimiledruck und eine vom Hg. besorgte Übers. des Pipino-Textes ins Spanische und Englische verbunden: Zitate aus Pipino im Text dieser Monographie wurden übersetzt nach Gils englischer Version: The Book of Marco Polo. Copy with Annotations by Christopher Columbus which is conserved at the Capitular and Columbus Library of Sevilla. Madrid 1986]

Guignard, Elise: Il Milione. Die Wunder der Welt. Zürich 1983

Knust, Theodor A.: Von Venedig nach China. Die größte Reise des 13. Jahrhunderts. Unter Benutzung der von Hans Eckart Rübesamen 1963 besorgten Ausgabe. Tübingen und Basel 1972 [Hier zitiert: Lizenzausgabe Rostock 1972]

Ramusio, Gian Battista: Navigationi

et Viaggi. Bd. 2. Venedig 1583, Reprint Amsterdam 1968, Theatrum Orbis Terrarum

Tscharner, Horst von: Der mitteldeutsche Marco Polo nach der Admonter Handschrift. Deutsche Texte des Mittelalters. Preußische Akademie der Wissenschaften. Bd. XL. Berlin 1935

Wright, Thomas: The Travels. Description of the World. Köln 1996 [Überarbeitete Ausg. der Marsden-Übers.]

Yule, Henry: The Book of Ser Marco Polo the Venetian Concerning the Kingdoms and Marvels of the East. 2 Bde. London 1903 [Hier zitierte Ausgabe: The Travels of Marco Polo. The Complete Yule-Cordier Edition. 2 Bde. New York 1993]

### 2.1 Populäre Ausgaben

Hambis, Louis: La déscription du Monde. Paris 1955

Latham, Ronald: The Travels of Marco Polo. New York 1982

Lemke, Hans: Die Reisen des Venezianers Marco Polo im 13. Jahrhundert. Hamburg 1907

Rübesamen, Hans Eckart: Die Reisen des Venezianers Marco Polo. München 1963

Walsh, Richard J.: The Adventures of Marco Polo. New York 1948 [Mit einer Einleitung von Pearl S. Buck]

## 3. Sekundärliteratur

### 3.1 Biographien

Zorzi, Alvise: Marco Polo. Düsseldorf 1985

### 3.2 Darstellung zu Einzelaspekten von Polos Leben und Werk

Balazs, Étienne, u. a.: Oriente Poliano. Roma 1957 [Vorträge auf einer Konferenz zum 700. Geburtstag Marco Polos]

Bruce, Clarence D.: In the Footsteps of Marco Polo. London and Edinburgh 1907 [Bericht einer Reise nach Peking]

Capusso, Maria G.: La lingua del «Divisament dou monde» di Marco Polo. Pisa 1980

Chin, Po-hung: In the Footsteps of Marco Polo. Beijing 1989

Chung hsi wen hua chiao liu hsien ch'ü: Ma-k'o Po-lo/chu pien Lu Kuo-chün, Hao Ming-wei, Sun Gh'eng-mu; [Chungkuo kuo chi wen hua shu yüan pien]. Pei-ching 1995 [Berichtband eines Symposiums in Peking zum Antritt der Heimreise Marco Polos vor 700 Jahren; mit englischen Zusammenfassungen]

Gabriel, Alfons: Marco Polo in Persien. Wien 1963

Klimkeit, Hans-Joachim: Die Seidenstraße. Handelsweg und Kulturbrücke zwischen Morgen- und Abendland. Köln 1988

Li, Wen-chien: Marco Polo in China. Hong Kong 1981

Münkler, Marina: Marco Polo. Leben und Legende. München 1998

Olschki, Leonardo: L'Asia di Marco Polo. Firenze 1957 [Zitate nach der amerikanischen Version übersetzt: Marco Polos Asia. Berkeley 1960]

Orlandini, G.: Marco Polo e la sua famiglia. In: Archivio Veneto-Tridentino, Bd. 9, 1926

Pelliot, Paul: Notes on Marco Polo. Paris 1959–73. 3 Bde. [Dieses Werk ist unerlässlich zur Orientierung im Dschungel der Schreibung von Namen und geographischen Bezeichnungen in den unterschiedlichen Polo-Ausgaben]

Ravenstein, E. A.: Martin Behaim. His Life and His Globe. London 1908

Rogegman, Willem M.: Marco Polo in Venetie. 's-Gravenhage 1979

Sparač, Josip: Dokumenti o Korčula-ninu Marku Polu. Korčula 1971

Witte, Johannes: Das Buch des Marco

Polo als Quelle für die Religionsge-
schichte. Berlin 1916
Wood, Frances: Did Marco Polo go to
China? London 1995; deutsch: Marco Polo kam nicht bis China. München 1996

## 3.3 Allgemeingeschichte

Franke, Wolfgang: China and the
West. Columbia, S. C. 1967
Hüllmann, K. D.: Städtewesen des
Mittelalters. Bd. 4. Bonn 1829
Krämer, Walter: Wunder der Welt.
Die frühen Entdeckungen unserer
Erde. Leipzig 1971
Langlois, John D. (Hg.): China under
Mongol Rule. Princeton 1981
Le Goff, Jacques: The Medieval Imagi-
nation. London 1988
Reichert, Folker: Begegnungen
mit China. Die Entdeckung Ost-
asiens im Mittelalter. Sigmaringen
1992
Rossabi, Morris: Khubilai Khan. His
Life and Times. Berkeley, London
1988
Spence, Jonathan D.: The Chan's
Great Continent. China in Western
Minds. New York and London 1998
Wiel, Alethea: The Navy of Venice.
London 1910
Wilken, Friedrich: Geschichte der
Kreuzzüge nach morgenländischen
und abendländischen Berichten.
Leipzig 1832

## 4. Belletristik, Werke der Musik, Fernseh- produktionen

## 4.1 Romane und Erzählungen

Adiaffi, Jean-Marie: Marco Polo ou
Le nouveau livre des merveilles.
Avignon 1985
Calvino, Italo: Die unsichtbaren
Städte, München 1979
Griffith, Paul: Myself and Marco Polo.
London 1989. Deutsch: Ich und
Marco Polo. Ein Roman der Wand-
lungen. München 1991
Jennings, Gary: The Journeyer. New
York 1984. Deutsch: Marco Polo der
Besessene. 2 Bde. Frankfurt a. M.
1995
Larteguy, Jean: Marco Polo, espion de
Venice. Paris 1983
Marshall, Edison: Caravan to Xanadu.
New York 1953
Meinck, Willi: Die seltsamen Aben-
teuer des Marco Polo. Berlin 1957
Schimansky, Gerd: Im Zorn der
Sonne. Witten 1964

## 4.2 Dramatische Werke

O'Neill, Eugene: Marco Millions.
A Play. New York 1927 [Urauffüh-
rung in New York, Januar 1928]

## 4.3. Musikwerke

Chamberland, Paul, und Vivier,
Claude: Prologue pour un Marco
Polo. Paris 1983 [Für 5 Stimmen
und Orchester]
Griffith, Paul, und Dun, Tan (Komp.):
Marco Polo. An Opera Within An
Opera [Uraufführung in München,
1996]
Xianting, Hu, und Shiguang, Wang
(Komp.): Marco Polo. Oper in 4 Ak-
ten [Uraufführung in Peking, Juli
1991]

## 4.4 Fernsehproduktionen

Marco Polo. 7 Folgen der Science-
Fiction-Serie «Dr. Who» (BBC,
1964). Text s.: www.enteract.com/
~andrew/marco.htm
Die phantastischen Reisen des Marco
Polo. Eine ZDF Mythos Produk-
tion von Hans-Christian Huf, 1998
(53 Min.)
The Silk Road. Marco Polos Ancient
Way to China. Japanische Serie,
6 Teile, produziert 1969 – 79

# NAMENREGISTER

*Die kursiv gesetzten Zahlen
bezeichnen die Abbildungen.*

# DANKSAGUNG

Vier Bibliotheken bin ich für die Unterstützung meiner Arbeit an diesem Buch zu Dank verpflichtet: der Harvard-Yenching Library und der Widener Library (beide Cambridge, Massachussetts), der Osher Map Library in Portland, Maine sowie der Bowdoin College Library in Brunswick, Maine.

Mit meiner Frau, Helen Cafferty, habe ich während der Arbeit am Manuskript wieder und wieder Einzelheiten von Struktur und Inhalt diskutiert; ich bin ihr für ihren Zuspruch und ihre kritischen, anregenden Hinweise dankbar. Gesprächen mit unseren Kolleginnen und Kollegen in den Literatur- und Sprachabteilungen am Bowdoin College verdanke ich wertvolle Anregungen auf zahlreichen Fachgebieten.

Prof. Barbara Wehr am Romanischen Seminar der Universität Mainz ließ mich Einblick in ihre Arbeiten über die frühen Polo-Texte nehmen und gab Literaturhinweise, wofür ich mich herzlich bedanke.

Besondere Dankbarkeit empfinde ich gegenüber dem Lebenswerk des Geographen Dr. Walter Krämer. Seine Bücher über die Geschichte der Entdeckungen unserer Erde haben in mir wie in anderen Angehörigen meiner Generation die Sehnsucht nach der Ferne wach gehalten. Walter Krämer starb 1974 in Leipzig. Seinem Andenken ist dieses Buch gewidmet.

## Über den Autor

Otto Emersleben wurde 1940 in Berlin geboren. Nach dem Studium der Physik (Diplom in Sofia, Bulgarien, 1964) war er Kundendiensttechniker der Filmfabrik Wolfen und bereiste Europa und Asien. Dabei kam er bis in die Mongolei und nach Peking. 1976 wurde er freischaffender Autor und lebte in Greifswald (Vorpommern). Jetzt lebt er in den USA. Studienreisen nach Buchara (1977) und Südamerika (1983). 1993 Segelfahrt über den Atlantik. 1996 und 2002 Lehrtätigkeit am Bowdoin College («Der Wandel des Amerika-Bildes in der deutschen Reiseliteratur»). Otto Emersleben veröffentlichte Erzählungen, Romane, Biographien und Sachbücher, darunter zahlreiche Titel zur Geschichte der Entdeckungsreisen. In «rowohlts monographien» erschien 1998 der Band «James Cook». (romo 50569) Jüngste Publikation: Novembermärchen. Keine bleibende Stadt. Roman. Schwerin 2000.

Vollständige Bibliographie:
www.bowdoin.edu/~oemersle/

**rowohlts monographien**
Begründet von Kurt Kusenberg, herausgegeben von Wolfgang Müller und Uwe Naumann.

Eine Auswahl:

**Konrad Adenauer**
dargestellt von
Gösta von Uexküll
(50234)

**Kemal Atatürk**
dargestellt von Bernd Rill
(50346)

**Anita Augspurg**
dargestellt von
Christiane Henke
(50423)

**Willy Brandt**
dargestellt von Carola Stern
(50232)

**Heinrich VIII.**
dargestellt von
Uwe Baumann
(50446)

**Adolf Hitler**
dargestellt von
Harald Steffahn
(50316)

**Thomas Jefferson**
dargestellt von
Peter Nicolaisen
(50405)

**Rosa Luxemburg**
dargestellt von
Helmut Hirsch
(50158)

**Nelson Mandela**
dargestellt von
Albrecht Hagemann
(50580)

Franklin Delano
**Roosevelt**
Alan Posener

**Mao Tse-tung**
dargestellt von
Tilemann Grimm
(50141)

**Franklin Delano Roosevelt**
dargestellt von Alan Posener
(50589)

**Helmut Schmidt**
dargestellt von Harald
Steffahn
(50444)

**Claus Schenk Graf von Stauffenberg**
dargestellt von
Harald Steffahn
(50520)

**Richard von Weizsäcker**
dargestellt von
Harald Steffahn
(50479)

Weitere Informationen in der
**Rowohlt Revue**, kostenlos in
Ihrer Buchhandlung, und im
**Internet: www.rororo.de**

*rowohlts monographien*

**rowohlts monographien**
Begründet von Kurt Kusenberg, herausgegeben von Wolfgang Müller und Uwe Naumann.

**Alfred Andersch**
dargestellt von
Bernhard Jendricke
(50395)

**Lou Andreas-Salomé**
dargestellt von Linde Salber
(50463)

**Bettine von Arnim**
dargestellt von
Helmut Hirsch
(50369)

**Jane Austen**
dargestellt von
Wolfgang Martynkewicz
(50528)

**Simone de Beauvoir**
dargestellt von
Christiane Zehl Romero
(50260)

**Wolfgang Borchert**
dargestellt von
Peter Rühmkorf
(50058)

**Albert Camus**
dargestellt von
Brigitte Sändig
(50635)

**Raymond Chandler**
dargestellt von
Thomas Degering
(50377)

**Joseph von Eichendorff**
dargstellt von
Hermann Korte
(50568)

Ernest Hemingway
Hans-Peter Rodenberg

**Theodor Fontane**
dargestellt von
Helmuth Nürnberger
(50145)

**Frauen um Goethe**
dargestellt von Astrid Seele
(50636)

**Ernest Hemingway**
dargestellt von
Hans-Peter Rodenberg
(50626)

**Henrik Ibsen**
dargestellt von
Gerd E. Rieger
(50295)

**James Joyce**
dargestellt von Jean Paris
(50040)

*rowohlts monographien*

Ein Gesamtverzeichnis der Reihe *rowohlts monographien* finden Sie in der *Rowohlt Revue*. Vierteljährlich neu. Kostenlos in Ihrer Buchhandlung. Rowohlt im Internet: www.rowohlt.de